PROGRAMME

DU

CONGRÈS INTERNATIONAL

DE STATISTIQUE

Tenu à Paris le 10 Septembre 1855.

Paris,

IMPRIMERIE DE Mme Ve BOUCHARD-HUZARD,

RUE DE L'ÉPERON, 5.

—

1855

LISTE DES MEMBRES

*de la commission française chargée, par l'arrêté ministériel du 18 avril
1855, d'organiser la 2ᵉ session
du Congrès international de statistique.*

MM. le Ministre de l'Agriculture, du Commerce et des Travaux publics, *Président;*
Arondeau, Chef du bureau de la Statistique judiciaire au Ministère de la Justice;
Bayle-Mouillard, Conseiller à la Cour de cassation;
le colonel Blondel, Directeur du Dépôt de la guerre;
de Bourreuille, Directeur des Mines;
de Chazelles, Membre du Corps législatif, Maire de Clermont (Puy-de-Dôme);
Michel Chevalier, Conseiller d'État, Membre de l'Institut;
de Cormenin, Conseiller d'État, Membre de l'Institut;
le général Daumas, Conseiller d'État, Directeur des Affaires de l'Algérie;
le comte Dubois, Conseiller d'État;
le baron Ch. Dupin, Sénateur, Membre de l'Institut, *Vice-Président;*
Fleury, Chef de la division du commerce extérieur;
de Franqueville, Directeur des Ponts et chaussées;
Gréterin, Conseiller d'État, Directeur général des Douanes et des contributions
   indirectes, Membre de l'Institut;
Julien, Chef de la division du commerce intérieur;
Legoyt, Chef du bureau de la Statistique générale de France;
le comte de Lesseps, Directeur des Consulats et Affaires commerciales au Mi-
   nistère des Affaires étrangères;
Mathieu, Membre de l'Institut;
Mestro, Conseiller d'État, Directeur des colonies;
du Miral, Membre du Corps législatif;
Monny de Mornay, Chef de la division de l'agriculture;
Manceaux, Secrétaire général du Ministère de l'intérieur;
Tournus, Directeur général de l'Enregistrement et des domaines;
Trébuchet, Chef du bureau de la police sanitaire à la Préfecture de police;
Vandal, Directeur général des Contributions directes;
Villermé, Membre de l'Institut;
le baron de Watteville, Inspecteur général des établissements de bienfaisance;
Wolowski, Membre de l'Institut, Professeur de législation industrielle au Con-
   servatoire des arts et Métiers.

PROJET DE RÈGLEMENT DU CONGRÈS.

I. FORMATION DU CONGRÈS.

ARTICLE PREMIER. Nul n'est admis au congrès, s'il n'est porteur d'une carte d'admission personnelle.

ART. 2. Le bureau provisoire est formé des membres de la commission organisatrice du congrès.

ART. 3. L'assemblée, dans sa première séance, nomme son bureau définitif et arrête le règlement de ses séances.

II. DES SECTIONS.

ART. 4. Elle se partage ensuite, conformément aux indications ci-après, en sections chargées, chacune, d'examiner une ou plusieurs des matières du programme.

1re *Section*. Cadre nosologique des décès; — statistique de l'aliénation mentale; — statistique des épidémies; — statistique des accidents.

2e *Section*. Statistique de l'agriculture; — statistique des voies de communication; — statistique du commerce extérieur.

3e *Section*. Statistique de la justice civile; — préparation d'un tableau des crimes et délits déclarés tels par la législation pénale de chaque pays; — statistique des établissements pénitentiaires.

4e *Section*. Statistique des institutions de prévoyance; — statistique des grandes villes.

ART. 5. Chaque membre, en retirant sa carte d'admission, désigne la section à laquelle il désire appartenir; toutefois le même membre peut prendre part aux travaux de plusieurs sections.

ART. 6. Chaque section nomme son bureau, et choisit un ou plusieurs rapporteurs chargés de faire connaître à l'assemblée générale le résultat des travaux de ladite section sur les matières confiées à son examen.

ART. 7. Les rapports doivent, autant que possible, être écrits. Il n'en est donné lecture à l'assemblée qu'après communication préalable à la section.

Art. 8. Tous les documents, notes, propositions relatifs aux travaux du congrès doivent être distribués aux sections que ces travaux concernent.

Art. 9. Les sections se réunissent, dans le local qui leur est affecté, à neuf heures précises du matin.

III. DE L'ASSEMBLÉE GÉNÉRALE.

Art. 10. L'assemblée générale se réunit, à une heure précise de l'après-midi, dans la salle de ses séances.

Art. 11. Le président a la police de l'assemblée et la direction des débats; il arrête les ordres du jour, en se concertant avec le bureau.

Art. 12. L'assemblée vote, après discussion, sur les conclusions des rapporteurs. Tout projet d'amendement à ces conclusions doit, autant que possible, être remis, écrit et signé de son auteur, au bureau, qui le soumet à l'assemblée.

Art. 13. Le vote a lieu par assis et levé.

Art. 14. Aucune proposition en dehors des matières du programme, aucune lecture de mémoire ou de note, ne peuvent être faites à l'assemblée sans une décision du bureau.

L'ordre du jour ou la question préalable peut toujours être demandée contre toute proposition incidente.

Art. 15. La durée de chaque discours devra, autant que possible, ne pas dépasser quinze minutes. Cette disposition n'est pas applicable aux rapporteurs.

La langue française est seule employée.

Tout membre non français pourra adresser au secrétaire de la commission, soit avant, soit pendant la réunion du congrès et dans la langue de son pays, l'expression de son opinion sur tout ou partie du programme; il en sera donné communication en français, selon les cas, soit à la section intéressée, soit à l'assemblée générale.

Un ou plusieurs sténographes sont attachés à l'assemblée.

Art. 16. A l'ouverture de chaque séance de l'assemblée, le secrétaire fait connaître les publications, mémoires, notes et travaux divers offerts au congrès et relatifs à des questions de statistique. Ces documents pourront être, en vertu d'une décision du bureau, reproduits soit intégralement, soit par voie d'analyse ou d'extrait, selon les cas, dans le compte rendu imprimé du congrès.

1°.

STATISTIQUE

DES

VOIES DE COMMUNICATION.

1° NOTE.

Le perfectionnement des voies de communication, élément essentiel de la richesse publique, est devenu l'un des besoins les plus impérieux des sociétés modernes et l'objet des plus vives préoccupations des gouvernements. C'est aussi l'une des questions les plus dignes des recherches et des études de la statistique.

Organisation administrative et financière,

Conditions techniques de premier établissement et d'entretien,

Résultats économiques de l'exploitation,

Tel est le triple point de vue sous lequel les voies de communication nous paraissent devoir être envisagées par la statistique générale.

En d'autres termes, il convient de constater dans chaque État :

En premier lieu, quelles sont les mesures administratives destinées à assurer la création et l'entretien des divers modes de communication, quelles sont les voies et moyens d'exécution, quelle part est faite à l'action directe du gouvernement, au concours des populations intéressées, à l'intervention de l'industrie privée ;

En second lieu, quelles sont les longueurs des diverses lignes, leurs dispositions techniques, les dépenses de premier établissement et d'entretien;

En troisième lieu, à quelles conditions est subordonné leur usage; quel est leur degré de fréquentation; quels sont les produits de leur exploitation.

L'ensemble des voies de communication d'un territoire, considérées dans toute leur généralité, comprend :

D'une part, les communications par terre, c'est-à-dire les routes ordinaires de tous les ordres et les chemins de fer;

D'autre part, les communications par eau, à savoir la navigation intérieure, naturelle et artificielle, et les ports maritimes de commerce, qui forment le lien soit entre les diverses parties du littoral d'un même empire, soit entre les différentes nations maritimes; nous ajouterons, comme annexe de la navigation maritime, l'éclairage des côtes, service d'une haute utilité pour les intérêts commerciaux, et qui offre, d'ailleurs, le caractère plus élevé d'une question d'humanité.

Il n'entre pas dans le cadre de ce travail d'établir une comparaison entre les divers modes de communication ; il suffira de les passer successivement en revue, en indiquant, pour chacun d'eux, les éléments qui nous paraissent devoir entrer dans un programme de statistique internationale.

ROUTES DE TERRE.

Au point de vue administratif, les routes de terre sont classées généralement en plusieurs catégories, suivant leur importance et leur destination.

Organisation administrative.

En France, on distingue les routes impériales, stratégiques, départementales, vicinales de grande et de petite communication. Chacune de ces classes est soumise, pour la construction et l'entretien, à des règles particulières. Il est utile de connaître, pour chaque État, la classification correspondante à celle que nous venons d'indiquer, et les dispositions administratives applicables à chacune d'elles. Ainsi il importe de savoir si les fonds consacrés à la construction et à l'entretien de chaque classe de routes sont fournis par l'État, les provinces, les communes; s'ils sont prélevés sur les produits d'un péage, ou si, au contraire, les routes sont livrées à la libre circulation; quel est le système d'entretien suivi dans les divers cas : l'abounement, l'entreprise, la régie générale ou partielle, les prestations en nature; enfin à quelle autorité est confiée la surveillance ou l'administration directe du service.

Ces divers renseignements nous paraissent devoir être réunis dans une notice préliminaire.

Renseignements techniques.

Les documents techniques seraient présentés plus convenablement sous la forme de tableau. Ils comprendraient, pour les routes de premier ordre, c'est-à-dire les routes analogues à nos routes impériales, les éléments suivants :

La désignation de la route par ses points de départ et d'arrivée;

Les circonscriptions administratives, départements, provinces ou comtés traversés par la route;

La longueur par circonscription administrative et par route, avec la distinction des parties de chaussées pavées et empierrées;

La largeur normale de la route et de ses accessoires, la pente maximum des rampes;

La dépense totale de première construction par circonscription administrative (département) et par unité de distance (kilomètre) (1);

La dépense annuelle d'entretien par département et par kilomètre;

Les mêmes natures de dépenses par route et par kilomètre;

Le nombre de cantonniers par route et la longueur moyenne de leurs stations.

Circulation sur les routes.

En ce qui concerne les éléments de la circulation sur les routes, il est bien difficile de fournir, à ce sujet, des documents précis et comparables. La fréquentation n'a guère été constatée, jusqu'ici, qu'au moyen de comptages journaliers, exécutés à des époques périodiques, et indiquant le nombre des chevaux attelés qui circulent, moyennement, sur la route, dans l'espace de vingt-quatre heures.

Ces comptages sont surtout utiles comme élément de la répartition des

(1) Nous emploierons désormais, pour plus de simplicité, les unités de mesures et les dénominations françaises.

fonds d'entretien des routes ; mais ils ne fournissent aucune donnée sur le tonnage des marchandises ni sur les prix de transport.

Il serait très-désirable que cette lacune fût comblée, au moins en partie. Le développement toujours croissant des chemins de fer déplace la circulation et apporte, dans la fréquentation des routes ordinaires, suivant leur direction parallèle ou perpendiculaire aux chemins de fer, de graves modifications qu'il importe d'étudier avec soin.

Nous croyons utile, afin de faciliter cette étude, d'établir, pour chaque route, et surtout pour celles qui ont le caractère de communication internationale, non-seulement le nombre moyen, par jour, de chevaux attelés qui les parcourent, mais encore le tonnage annuel des objets transportés, et, s'il est possible, le prix du transport par tonne et par kilomètre.

Ces renseignements seront réunis dans un second tableau, qui indiquera en outre, pour les routes soumises à un péage, l'espacement moyen des barrières de perception, et les produits du péage, dans la dernière année, d'une part, pour la route entière et, de l'autre, par kilomètre.

ROUTES DE DEUXIÈME OU DE TROISIÈME ORDRE.

Pour les routes de deuxième ou de troisième ordre, les renseignements statistiques à recueillir seront les mêmes que ceux que nous venons d'indiquer pour les routes de premier ordre, si ce n'est que, au lieu de considérer chaque route en particulier, on devra se borner à indiquer le nombre et la longueur totale des routes par département.

On pourra, d'ailleurs, se borner, en ce qui touche la circulation, à constater le nombre moyen de chevaux attelés circulant en vingt-quatre heures. L'ensemble de ces renseignements sera réuni dans un seul tableau.

La colonne d'observations fera connaître si la circulation est libre ou soumise à un péage, et, dans ce dernier cas, quel a été, pour la dernière année, le produit du péage par kilomètre.

PONTS.

Parmi les ouvrages d'art qui se rattachent à la construction des routes, il en est qui, par leur utilité évidente et par leur aspect monumental, ont, à toutes les époques, attiré particulièrement l'attention publique ; ce sont les ponts jetés sur les cours d'eau que les routes ont à traverser. La rapidité, la facilité avec lesquelles s'élèvent aujourd'hui, sous nos yeux, ces grands ouvrages, qui, à d'autres époques, ont coûté tant d'efforts et de temps, sont l'une des manifestations les plus éclatantes des progrès récents de l'art des constructions.

Un tableau pourrait être utilement consacré à la description sommaire de ceux de ces ouvrages qui présentent une certaine importance. La limite à laquelle il convient de s'arrêter ici est nécessairement arbitraire. Nous croyons devoir proposer celle qui a déjà été adoptée dans la *Statistique générale de la France*, IIe série, 2e volume, c'est-à-dire une longueur de 20 mètres, au minimum, entre les culées.

Ce tableau indiquerait, pour chaque pont compris dans cette catégorie,

La route à laquelle il appartient, le département et la commune dans lesquels il est situé;

Le nom du cours d'eau qu'il traverse, la date de son établissement, le mode de construction (charpente, pierre, métal; suspendu avec barres ou fils de fer, etc.);

Le mode de fondation des piles et culées, le nombre, la forme et l'ouverture des arches;

La hauteur de l'arche centrale au-dessus de l'étiage et au-dessus des plus hautes eaux;

La longueur totale du pont;

La largeur entre les têtes;

Enfin les dépenses de construction.

Ces renseignements formeraient le complément de la statistique des routes ordinaires.

CHEMINS DE FER.

Les chemins de fer, création récente encore de la science et de l'industrie modernes, ont, dès leur début, développé une puissance d'action et réalisé des progrès qui ont dépassé toutes les prévisions. Aussi est-il peu de sujets qui attirent à un plus haut degré l'attention générale, et la statistique ne peut-elle manquer d'exciter l'intérêt, en recueillant et coordonnant les faits les plus importants relatifs à l'organisation administrative et technique, et à l'exploitation des lignes de fer.

Ici l'on n'est pas, comme pour les routes ordinaires, arrêté par l'insuffisance des renseignements. Les chemins de fer, en effet, ne sont pas des voies de communication libres, où la circulation est ouverte à tous et où l'organisation des transports est entièrement distincte de l'administration de la voie.

Un chemin de fer, considéré dans son ensemble, constitue une machine complexe, dont toutes les parties, voie, matériel, exploitation, se coordonnent et doivent être concentrées dans les mêmes mains. Comme service de transport, il forme une vaste opération commerciale, dont tous les résultats, régulièrement constatés, fournissent à la statistique des renseignements détaillés et précis.

On doit s'attacher à ne recueillir, parmi ces renseignements, que les faits les plus saillants et ceux qui sont de nature à fournir des points utiles de comparaison entre les divers États.

Le nombre des éléments qui figurent dans le programme ci-après est cependant considérable encore; mais on pensera sans doute que l'extension donnée à cette partie de la statistique des voies de communication se justifie par l'importance du sujet.

Organisation administrative.

L'organisation administrative et financière des chemins de fer serait, en premier lieu, l'objet d'une notice préliminaire. Cette notice ferait connaître les divers modes d'intervention de l'administration dans l'établissement et l'exploitation des chemins de fer, soit au moyen de la construction et de l'exploitation par l'État, soit par la concession à des compagnies, avec ou sans subventions. Elle présenterait, pour les chemins concédés, un résumé des clauses essentielles des cahiers des charges, en indiquant les objets principaux relatifs soit à l'établissement, soit à l'exploitation des chemins pour lesquels l'administration s'est réservé un droit de réglementation ou de surveillance.

Telles sont, notamment, sous le rapport technique, la détermination du tracé entre des points déterminés, l'approbation des projets, la fixation des limites des pentes, des rayons des courbes, de la largeur de la voie, des dimensions des souterrains, et toutes autres conditions relatives aux ouvrages d'art, à la durée des travaux et à leur surveillance par l'État.

En ce qui touche l'exploitation, on ferait connaître les obligations essentielles des compagnies vis-à-vis du public, la nature des objets soumis à la réglementation du gouvernement, tels que le nombre et la distribution des trains, des tarifs, les réserves pour les services publics, etc.

Deux tableaux compléteraient les documents relatifs aux conditions administratives et financières du chemin.

Le premier indiquerait, pour chaque compagnie:

Les dates des actes du gouvernement qui ont fixé sa constitution ; les longueurs partielles des sections successivement autorisées et la longueur totale du chemin ; le nombre de voies autorisé ; la durée de la concession ; les dépenses faites et à faire ; la nature et le chiffre des capitaux engagés ; les subventions de l'État, sous quelque forme qu'elles se présentent.

Le second présenterait la situation financière, c'est-à-dire les dépenses faites et les subventions réalisées à la fin de la dernière année.

Renseignements techniques.

Les principaux renseignements, au point de vue technique, peuvent être formulés dans quatre tableaux.

Les deux premiers feront connaître les conditions essentielles de l'établissement du chemin ; la longueur totale, la longueur particlle des alignements et des courbes de divers rayons, des paliers et des pentes ; le mode de pose de la voie, le profil transversal du chemin, la forme et le poids des rails, le nombre et la longueur des souterrains et viaducs, le nombre des passages et des chemins, le nombre des stations, etc.

Le troisième tableau, relatif à l'état du matériel roulant, indiquera le nombre et le poids maximum et minimum des locomotives, le nombre, le poids brut et la capacité des voitures à voyageurs et des waggons de toute nature.

Le quatrième comprendra des renseignements généraux sur les dépenses d'établissement, par chemin et par kilomètre, en distinguant les principales natures de dépenses.

Exploitation.

Les documents relatifs à l'exploitation ne comprendraient pas moins de neuf tableaux, dont l'objet va être indiqué sommairement, sauf à se référer, pour les détails, aux états joints à la présente note.

Ces tableaux sont les suivants :

1° Personnel de l'exploitation, divisé en administration centrale, mouvement et trafic, traction, surveillance et entretien de la voie ;

2° Trafic de la grande vitesse, comprenant le mouvement des voyageurs, des bagages et des messageries ;

3° Trafic de la petite vitesse, indiquant le tonnage des marchandises les plus importantes, telles que céréales et farines, liquides, épiceries, fontes,

fers et métaux, houille et coke, matériaux de construction, engrais et amendements, chevaux, gros, moyen et petit bétail ;

4° Mouvement du matériel, comprenant le nombre et le parcours total
des trains, le parcours total et le parcours moyen annuel des machines et
des véhicules de la grande et de la petite vitesse, le maximum et le minimum
de la vitesse moyenne d'un train ;

5° État des tarifs perçus, par kilomètre, pour les voyageurs et pour les
principales marchandises, comparativement avec les tarifs légaux, mais non
compris les tarifs différentiels, dont la mobilité et la variété ne se prêteraient
pas à une constatation précise ;

6° Recettes de la grande vitesse, comprenant les recettes totales des voyageurs des diverses classes, ainsi que celles des bagages et messageries ; les
recettes, par kilomètre, des voyageurs et accessoires, et la proportion pour
cent de ces deux natures de recettes ;

7° Recettes de la petite vitesse, comprenant les recettes totales réparties
entre les principales natures de marchandises, et la recette par kilomètre ;

8° Dépenses d'exploitation, divisées en dépenses totales et en dépenses
par kilomètre de chemin et par kilomètre parcouru par un train ;

9° Enfin résultats généraux de l'exploitation pendant la dernière année,
présentant, d'une part, les recettes, de l'autre les dépenses, et, par suite,
le produit net pour l'ensemble du chemin, le produit net par kilomètre, et
le rapport de la dépense à la recette totale.

NAVIGATION INTÉRIEURE NATURELLE ET ARTIFICIELLE.

La navigation intérieure naturelle et artificielle comprend, d'une part,
les rivières flottables en trains ou navigables de leur propre fonds ; de l'autre, les rivières canalisées et les canaux construits de main d'homme.

Organisation administrative.

La législation française classe dans le domaine public et soumet à des
règles spéciales les rivières ou parties de rivières navigables ou flottables de
leur propre fonds ; elle permet, d'ailleurs, de rendre et de déclarer navigables, par un acte du gouvernement, les cours d'eau non navigables ni flottables, sous la seule réserve du payement d'une indemnité aux propriétaires
riverains pour la privation de leur droit de pêche et pour le dommage résultant de l'établissement du chemin de halage.

Quelle est, sur ce point, la législation dans les divers Etats ? Quelle est la distinction admise, au point de vue administratif, entre les rivières navigables ou flottables, et les cours d'eau non navigables ? Par qui les premières sont-elles administrées, entretenues, améliorées ?

Ces questions devront faire l'objet d'une note préliminaire.

Renseignements techniques.

Les renseignements techniques seront présentés sous forme de tableau et porteront sur les points suivants.

Désignation du bassin principal et de la rivière ;

Points où commence le flottage, la navigation fluviale et la navigation maritime ;

Longueur de ces trois parties.

Points remarquables du cours de la rivière, partageant ce cours en sections principales.

Indication, pour chaque section, de la longueur, de la largeur moyenne du lit ; de la pente moyenne par kilomètre ; du tirant d'eau, à l'étiage ainsi que dans les bonnes eaux de navigation ; de la hauteur au-dessus de l'étiage des eaux où cesse la navigation et des plus grandes crues ; enfin du débit à l'étiage et dans les plus hautes eaux.

Deux colonnes seront destinées à faire connaître les dépenses totales faites jusqu'à ce jour pour l'amélioration de la rivière et les dépenses annuelles d'entretien.

Dans la colonne d'observations, on indiquera les époques ordinaires et la durée des hautes et basses eaux, la nature des travaux d'art ; enfin on fera connaître si la plaine est inondable, et si elle est ou non protégée par des digues soit submersibles, soit insubmersibles.

Ce dernier point ne touche pas directement, il est vrai, à la question des communications ; car le plus ordinairement la navigation cesse longtemps avant que la vallée ne soit inondée. Mais les rivières, outre le service qu'elles peuvent rendre comme voies navigables, ont aussi à remplir leur destination naturelle, qui est de donner écoulement aux eaux de leur bassin, sans porter atteinte à la sécurité des terres riveraines, et la statistique, en s'occupant des rivières, ne paraît pas pouvoir négliger ce point de vue.

Circulation.

Quant aux renseignements relatifs à la circulation, ils seront consignés dans un second tableau et comprendront, en ce qui concerne la dernière année :

Pour la partie flottable, le tonnage ramené au parcours total, le fret par kilomètre et le produit du péage.

Pour la partie navigable, le tonnage par section des principales marchandises, telles que nous les avons désignées, en nous occupant des chemins de fer ;

Le tonnage annuel ramené au parcours total de la rivière ;

Le taux moyen du fret par tonne et par kilomètre pour le transport ordinaire et pour le transport accéléré ;

Enfin le produit du péage.

La colonne d'observations fera connaître les bases du tarif, les divers modes de traction et les autres documents qui ne sauraient trouver place dans un tableau.

CANAUX.

La navigation artificielle se compose des rivières canalisées et des canaux ; ces derniers sont ou latéraux à des rivières, et destinés à remplacer une partie défectueuse de leur cours, ou à point de partage, et destinés à réunir, par une ligne de navigation continue, deux bassins séparés par un faîte.

Les documents statistiques qui se rapportent à ces voies de communication sont entièrement analogues à ceux que nous avons indiqués pour les rivières navigables ; toutefois il conviendrait de comprendre, dans la notice préliminaire relative aux canaux, les questions suivantes :

Les ouvrages de canalisation sont-ils exécutés et entretenus par l'État?

Sont-ils, dans certains cas, l'objet de concessions soit perpétuelles, soit temporaires?

Quelle est l'étendue des rivières canalisées et des canaux appartenant à chacune des trois catégories suivantes : exécutés et entretenus par l'État, concédés perpétuellement, concédés temporairement?

Renseignements techniques.

Les renseignements techniques, réunis dans un tableau, porteraient sur les points suivants :

Nature de la ligne navigable (rivière canalisée, canal latéral à une rivière, canal à point de partage);

Désignation des bassins réunis par le canal et de ses versants ;

Longueur sur chaque versant ;

Pente à racheter sur chaque versant;

Nombre d'écluses par versant ;

Profil transversal ;

Largeur et longueur utile des sas ;

Hauteur minimum des ponts sur canal, au-dessus du plan d'eau ;

Système d'alimentation ;

Dépenses de premier établissement, totales et par kilomètre ;

Frais annuels d'entretien, totaux, et par kilomètre ;

Les renseignements complémentaires sur la dépense moyenne d'eau alimentaire par kilomètre, sur le nombre et la dimension des souterrains, ponts, canaux, etc., seront réunis dans la colonne d'observations.

Circulation.

En ce qui concerne la circulation sur les canaux , les renseignements à fournir sont les mêmes que ceux qui se rapportent aux rivières navigables ; toutefois, comme le péage joue un rôle beaucoup plus important dans le fret des canaux que dans celui de la navigation fluviale, il est utile d'indiquer ici d'une manière plus détaillée le tarif perçu par tonne et par kilomètre pour les principales marchandises.

PORTS MARITIMES DE COMMERCE.

Les ports maritimes , considérés d'une manière générale, comprennent tous les points du littoral, qu'ils aient ou non été disposés par la main de l'homme, où les bâtiments peuvent aborder, soit pour y prendre, soit pour y déposer des marchandises, soit simplement pour y trouver un abri momentané contre la tempête ou contre l'ennemi. Ils sont situés, soit sur les bords mêmes de la mer, soit sur les parties maritimes des fleuves, soit au pourtour des îles voisines du continent.

C'est en envisageant ainsi la dénomination des ports dans son sens le plus étendu, que l'administration a été conduite, dans la statistique spéciale des ports maritimes de la France, à compter quatre cents ports distribués sur ses côtes.

Il serait hors de propos, dans une statistique internationale, de pousser aussi loin une nomenclature dont la limite n'offre d'ailleurs rien d'absolu, et conserve nécessairement un certain caractère d'arbitraire. Il convient donc de s'arrêter aux ports qui sont réellement le siège d'opérations commerciales d'une certaine valeur, ou qui, dépourvus par eux-mêmes, d'importance commerciale, offrent néanmoins, comme lieu de refuge, un intérêt souvent considérable pour la navigation générale.

Organisation administrative.

Les ports maritimes constituent, en France, une partie essentielle du domaine public, et, sauf de rares exceptions qui aujourd'hui ont disparu, ils ont toujours été établis, améliorés, entretenus par les soins de l'administration.

Il n'en est pas ainsi dans certains pays. Des ports peuvent y être créés et exploités non-seulement par l'État, mais par des particuliers, des communes, des associations. Ils peuvent être, soit en totalité, soit pour quelques-unes de leurs parties, l'objet de concessions soit perpétuelles, soit temporaires.

Cette question, intéressante au point de vue administratif, devra être traitée dans une notice préliminaire.

Renseignements techniques.

Quant aux renseignements techniques, ils se confondent, en plusieurs points, avec les instructions nautiques qui servent à guider les marins sur la côte et touchent ainsi, par le fait, à la sécurité de la navigation ; ils devront donc être présentés avec une grande prudence.

Ces renseignements seront résumés dans un tableau qui indiquera :

Le nom des départements et celui des ports ;

Leur situation géographique en longitude et latitude ;

Les golfes, baies, fleuves sur lesquels les ports sont situés ; les voies de terre et d'eau qui y aboutissent ;

La hauteur des marées, s'il en existe, au-dessus du niveau moyen de la mer, en vive eau et en morte-eau ;

Le tirant d'eau maximum des navires qui peuvent entrer à haute mer de vive eau et de morte-eau ;

La surface abritée, et la longueur des quais des ports d'échouage ou avant-ports ;

Le nombre, la surface totale et la longueur des quais des bassins ou docks, la largeur maximum et minimum des écluses et la hauteur des vives eaux au-dessus des buses de ces écluses.

Enfin une colonne d'observations fournira des renseignements généraux sur l'orientation de la passe, la direction des vents régnants et des vents de tempête, la durée de l'étale; les ouvrages destinés à abriter le port et à en fixer l'entrée; les moyens employés pour conserver la profoudeur des ports, tels que dragages à la main ou à la vapeur, chasses naturelles ou artificielles; les ouvrages propres à la construction et à la réparation des navires, tels que cales de construction et de radoub, formes sèches, formes flottantes, machines à mâter, etc.

Importance commerciale et nautique.

L'importance commerciale et nautique d'un port maritime se mesure par le nombre et le tonnage des navires qui le fréquentent et par le chiffre de ses importations et de ses exportations. La constatation exacte de ces éléments exigerait des détails qui ne paraissent pas rentrer dans le cadre d'une statistique internationale. Il sera suffisant, pour donner une idée générale de l'importance relative des ports maritimes, d'indiquer, dans un tableau spécial :

D'une part, le nombre total des navires entrés et sortis, à charge ou sur lest, dans chacune des cinq dernières années, avec le chiffre total de leurs équipages;

De l'autre, leur tonnage en distinguant les navires chargés et sur lest;

Et en outre, pour la même période de temps, le montant, par année, des droits de douane perçus sur les marchandises importées ou exportées.

PHARES.

L'éclairage des côtes est étroitement lié à la navigation maritime.

Les progrès remarquables réalisés en France, sous ce rapport, sont constatés par ce seul fait, qu'en 1825, époque où la commission des phares arrêtait les dispositions générales de l'éclairage de nos côtes, nous ne possédions que quinze phares, et qu'aujourd'hui le nombre de nos feux de divers ordres s'élève à cent quatre-vingt-cinq. La plupart des appareils d'éclairage sont, d'ailleurs, des appareils lenticulaires, dont l'invention, due à un de nos plus illustres ingénieurs, Augustin Fresnel, a été accueillie avec empressement par toutes les puissances maritimes.

Le service des phares, comme celui des ports, est, en France, confié exclusivement à l'administration publique ; leur usage est, d'ailleurs, gratuit pour tous les navigateurs ; mais il n'en est pas ainsi dans tous les pays.

Il conviendra d'indiquer, dans une notice, quelle est, dans chaque État, l'organisation de ce service ; on fera connaître notamment s'il est centralisé entre les mains de l'État ; s'il est l'objet de concessions particulières, perpétuelles ou temporaires ; si le gouvernement intervient dans la surveillance ; enfin si son usage est gratuit ou soumis à des péages, et quel est, dans ce dernier cas, le produit de ces péages.

Au point de vue technique, les renseignements présentés sous forme de tableau comprendront les objets suivants :

La situation géographique du phare en longitude et en latitude ;

L'objet du phare, c'est-à-dire s'il constitue un feu de grand atterrage ou un simple feu de port ;

Le caractère du feu (fixe, à éclipses, coloré) ;

La hauteur du foyer au-dessus du sol et au-dessus des hautes mers ;

Sa portée en milles marins ;

La nature de l'appareil (lenticulaire ou à réflecteurs) ;

La nature du combustible employé ;

Le mode de construction de l'édifice (pierres, briques, fer, etc.) ;

Les dépenses d'établissement de l'édifice et de l'appareil ;

La dépense moyenne d'entretien et d'éclairage ;

Enfin le nombre des gardiens commis à la surveillance du phare.

On indiquera dans la colonne d'observations, s'il y a lieu, le produit du péage perçu sur les navigateurs.

LIGNES TÉLÉGRAPHIQUES.

L'admirable invention de la télégraphie électrique, en empruntant à la science ses principes les plus délicats, a transformé l'ancien procédé mécanique, d'un usage si incertain, en l'un des plus merveilleux instruments de la pensée. Le réseau européen s'étend chaque jour, et la statistique doit recueillir avec soin tous les faits qui se rapportent à cet objet important.

Au point de vue administratif, il conviendra de faire connaître si le service télégraphique est établi et exploité par l'État, et, dans ce cas, à quelles conditions est soumis l'usage de cet appareil par les particuliers, ou si, au contraire, le service est confié à l'industrie privée, et quel est, dans ce second cas, le mode de surveillance exercé par le gouvernement sur les lignes concédées. Il est intéressant de savoir, en outre, si le système télégraphique est lié, par des conventions internationales, avec celui des États voisins.

Une notice devra fournir des renseignements sur ces divers points.

Sous le rapport technique, on devra indiquer, dans un tableau :

La direction et la longueur de chaque ligne en kilomètres ou milles géographiques ;

Sa disposition aérienne ou souterraine ;

Son emplacement sur une route ordinaire ou sur un chemin de fer ;

Les points où les lignes internationales se raccordent avec les pays voisins soit par la voie de terre, soit par un prolongement sous-marin ;

Le nombre des fils sur chaque ligne ;

Les noms des stations ;

Le système de l'appareil de transmission ;

Les frais d'établissement et d'entretien par kilomètre pour les parties aériennes et les parties souterraines de chaque ligne.

En ce qui concerne l'exploitation, on fera connaître, dans la colonne d'observations, les bases d'après lesquelles est établie la taxe des dépêches ; si cette taxe est proportionnelle à la distance ou uniforme pour toute distance ; quel est le nombre actuel des dépêches du gouvernement et des particuliers ; enfin quel est, dans la dernière année, le produit de la taxe perçue sur les dépêches privées.

Les divers spécimens de tableaux qui suivent indiqueront les détails qui ne pouvaient trouver place dans la présente note.

TABLEAUX.

ROUTES ORDINAIRES, PONTS, CHEMINS DE FER, RIVIÈRES,

CANAUX, PORTS,

PHARES, TÉLÉGRAPHES ÉLECTRIQUES.

ROUTES ORDINAIRES.

ROUTES DE PREMIER ORDRE.

RENSEIGNEMENTS TECHNIQUES.

Désignation de la route (points de départ et d'arrivée).

Circonscriptions administratives traversées (départements, provinces, comtés, etc.).

Longueur par département. . . . . { pavée. / empierrée. / totale.

Longueur par route. . . . . { pavée. / empierrée. / totale.

Longueur normale par département. . { de la chaussée. / des accotements. / des trottoirs. / totale.

Pente maximum des rampes par dé-{ réelle. / partement. { admise pour les rectifications.

Dépense totale de première construction par département.

Dépense de première construction pour la route par kilomètre.

Dépense d'entretien par département pour 1 kilomètre. { pavé. . . . . . . { matériaux. / main-d'œuvre. / totale. / empierrement.. .{ matériaux. / main-d'œuvre. / totale.

Dépense d'entretien par route pour{ pavé. / 1 kilomètre. { empierrement.

Nombre de cantonniers par route.

Longueur moyenne des stations de cantonniers.

Observations.

ROUTES ORDINAIRES.

ROUTES DE PREMIER ORDRE.

CIRCULATION.

Désignation de la route.

Circonscriptions administratives traversées.

Longueur par département. . . . . . . { à circulation libre. / à péage. / totale.

Espacement moyen des barrières.

Produits du péage dans la dernière année. { par département. . . . { total. / par kilomètre. / par route. . . . . . { total. / par kilomètre.

Nombre moyen de voyageurs circulant par jour. { par département. / pour la route entière.

Nombre de chevaux attelés circulant par jour. { par département. / pour la route entière.

Tonnage annuel des marchandises transportées, ramené au parcours total. { roulage ordinaire. / roulage accéléré. / total.

Prix moyen du transport des marchandises par tonne et par kilomètre. { roulage ordinaire. / roulage accéléré.

Prix moyen de transport des voyageurs par kilomètre.

Observations.

ROUTES ORDINAIRES.

ROUTES DE DEUXIÈME OU DE TROISIÈME ORDRE.

Circonscriptions administratives traversées (départements, provinces, comtés, etc.).

Longueur totale par département. . . { pavée. / empierrée. / ensemble.

Largeur normale par département. . . { de la chaussée. / des accotements. / des trottoirs. / totale.

Pente maximum des rampes par département { réelle. / admise pour les rectifications.

Dépense totale de première construction par département.

Dépense totale de première construction pour l'ensemble des routes.

Dépense d'entretien par département pour 1 kilomètre. { pavé. . . . . . { matériaux. / main-d'œuvre. / totale. } empierrement. { matériaux. / main-d'œuvre. / totale.

Nombre de cantonniers par département.

Longueur moyenne des stations de cantonniers.

Nombre moyen de chevaux attelés circulant par jour.

Observations.

ROUTES ORDINAIRES.

PONTS de 20 mètres et plus de longueur entre les culées,
établis sur les routes de premier et de deuxième ordre.

Départements, provinces ou comtés, etc.

Situation du pont. . . . . . . { Route, ville ou commune.
{ Cours d'eau.

Date de la construction.

Mode de construction (pierre, charpente, fonte, fer, tôle; suspendu avec barres de fer
ou fils de fer, etc.).

Mode de fondation des piles et culées (enrochement, béton, pilotis, caisson, etc.).

Arches ou travées. . . . . . . { Nombre.
{ Forme (arc de cercle, anse de panier, etc.).
{ Ouverture de chaque arche.
{ Flèche de chaque arche.
{ Débouché linéaire total.

Hauteur de l'intrados de l'arche { au-dessus de l'étiage.
centrale. { au-dessus des plus hautes eaux.

Épaisseur des piles au niveau des naissances.

Longueur totale du pont entre les culées.

Largeur entre les têtes.

Surface de la voie.

Dépense de construction. . . . . { des piles et culées.
{ des arches ou travées.
{ totale.

Dépense de construction par mètre carré de voie.

OBSERVATIONS. (Indiquer, notamment pour les ponts suspendus et les ponts métalli-
ques, le système de construction, la flèche des arcs ou demi-arcs de
suspension, la charge d'épreuve et la tension du métal sous cette
charge par millimètre carré.)

CHEMINS DE FER.

ORGANISATION ADMINISTRATIVE ET FINANCIÈRE.

Désignation du chemin.

Nature et date des actes du gouvernement y relatifs.

Sections successivement au-torisées.
- Désignation de la section.
- Date de l'autorisation.
- Longueur partielle.

Longueur totale du chemin.

Longueur..........
- non concédée.
- concédée temporairement.
- concédée à perpétuité.

Durée des concessions temporaires.

Nombre de voies. Longueur.
- A une voie.
- A deux voies ou plus.

Dépenses faites et à faire ap-proximativement.
- par l'État......
  - Travaux faits ou à faire.
  - Subventions aux compagnies.
  - Prêts aux compagnies.
  - Obligations souscrites.
  - Actions souscrites.
- par divers......
  - Subventions à l'Etat.
  - Subventions aux compagnies.
- sur l'apport spécial des compagnies.
- Total général.

Capitaux engagés......
- par l'État. — Travaux et subventions.
- par divers. — Subventions.
- par les compagnies.
  - Obligations et prêts de l'État.
  - Actions.
  - Rentrées diverses.
- Total général.

Annuité garantie par l'État.

Actions des compagnies...
- Nombre.
- Taux d'émission.

Obligations des compagnies...
- Nombre.
- Taux d'émission.

Observations.

CHEMINS DE FER.

SITUATION FINANCIÈRE AU 31 DÉCEMBRE 185 .

Désignation du chemin.

Longueur. . . . . . { livrée à l'exploitation au 31 décembre 185
non livrée à l'exploitation.
totale.

Dépenses faites et à faire.

Dépenses faites. . . .

par l'État. . . . . . .
en travaux exécutés.
en subventions versées.
en prêts aux compagnies.
en obligations.
en actions.

par divers. . . . . .
en subventions à l'État.
en subventions aux compagnies.

sur l'apport spécial des compagnies.
Total général.

Capitaux réalisés. . . .

par l'État. . . . . . . en travaux faits et subventions versées.
par divers. . . . . . . en subventions.

par les compagnies. .
en obligations et prêts.
en actions.
en rentrées diverses.
ensemble.

Total général.

Annuité garantie par l'État. Somme versée.

Montant réalisé par action.

Observations.

CHEMINS DE FER (parties livrées à l'exploitation).

CONDITIONS TECHNIQUES D'ÉTABLISSEMENT.

Désignation du chemin.

Longueur livrée à l'exploitation au **31 décembre 185** .

Nombre de voies. . . . . { Longueur à une voie.
                 —   à deux voies ou plus.

Plan.. . . . . {
Longueur en alignements droits.
     —   en courbes de rayon égal ou supérieur à 1,000 mètres.
Longueur en courbes de rayon de 1,000 mètres exclusivement à 500 mètres inclusivement.
Longueur en courbes de rayon inférieur à 500 mètres.
Minimum en courbes du rayon des courbes.

Profil. . . . . {
Longueur en palier.
     —   en déclivité égale ou inférieure à $0^m,005$.
     —   —   de $0^m,005$ exclusivement à $0^m,01$ inclusivement.
Longueur en déclivité de $0^m,01$ exclusivement à $0^m,02$ inclusivement.
Longueur en déclivité supérieure à $0^m,02$.
Maximum de la pente.

Nature de la voie. . . . {
Longueur avec rails sur traverses.
     —   —   sur longrines.
     —   systèmes divers.

Clôtures. . . . . {
Longueur avec clôtures.
     —   sans clôtures.

Télégraphes électriques. . {
Longueur avec télégraphe électrique consacré à l'exploitation.
Longueur sans télégraphe électrique.

Nombre de voies. Proportion p. 0/0. {
de la longueur à deux voies.
de la longueur à une voie.

Plan. Proportion p. 0/0. . {
des alignements droits.
des courbes de 500 mètres de rayon et au-dessus.
des courbes de moins de 500 mètres.

Profil. Proportion p. 0/0. {
des paliers.
des pentes de 5 millimètres et au-dessous.
des pentes de plus de 5 millimètres.

Observations.

CHEMINS DE FER (parties livrées à l'exploitation).

CONDITIONS TECHNIQUES D'ÉTABLISSEMENT (*suite*).

Désignation du chemin.

Longueur livrée à l'exploitation au 31 décembre 185   .

Profil en travers. . . .
- Largeur de la voie entre les bords intérieurs des rails.
- — de l'entrevoie.
- — totale en couronne au-dessous du balast.
- — moyenne entre les limites du chemin, gares comprises.
- — entre les parapets de viaducs sous-rails.
- — entre les pieds-droits.. des viaducs sur rails. / des souterrains.
- Hauteur minimum de l'intrados des viaducs sur rails. / des souterrains.

Rails. . . . .
- Forme.
- Longueur moyenne d'un rail.
- Poids par mètre courant.

Espacement moyen des supports transversaux.

Nombre des passages de routes et chemins
- sous rails.
- à niveau.
- sur rails.
- ensemble.

Largeur ensemble entre les têtes des viaducs sur rails.

Ponts et viaducs sous rails.
- Ponceaux et aqueducs de moins de 5 mètres d'ouverture. { Nombre. / Longueur ensemble entre les culées.
- Ponts de 5 mètres à 20 mètres entre les culées. { Nombre. / Longueur ensemble.
- Viaducs de plus de 20 mètres entre les culées. { Nombre. / Longueur ensemble.

Souterrains. . . . . .
- Nombre.
- Longueur ensemble.

Nombre des stations. .
- hors classe.
- de 1re classe.
- de 2e classe.
- de 3e classe.
- total.

Espacement moyen.. .
- des passages pour routes et chemins.
- des ponts sous rails.
- des stations.

Observations.

CHEMINS DE FER (parties livrées à l'exploitation).

ÉTAT DU MATÉRIEL ROULANT.

Désignation du chemin.

Longueur livrée à l'exploitation au 31 décembre 185 .

Locomotives..
- à voyageurs. . . . .
  - Nombre.
  - Poids brut maximum.
  - — minimum.
- à marchandises et diverses.
  - Nombre.
  - Poids brut maximum.
  - — minimum.
- Nombre total.

Voitures à voyageurs. .
- de 1re classe, y compris les voitures de luxe. . . . .
  - Nombre.
  - Poids brut moyen.
  - Nombre de places moyen.
- de classes intermédiaires, y compris les voitures mixtes. . . . .
  - Nombre.
  - Poids brut moyen.
  - Nombre de places moyen.
- de dernière classe. . . . .
  - Nombre.
  - Poids brut moyen.
  - Nombre de places moyen.
- Nombre total.

Waggons de service. . . . .
- Nombre total.
- Poids brut moyen.
- Capacité moyenne en tonnes.

Waggons de marchandises de toute nature.
- Nombre total.
- Poids brut moyen.
- Capacité moyenne en tonnes.

Nombre par kilomètre.
- de locomotives à voyageurs.
- de locomotives à marchandises et diverses.
- de voitures à voyageurs. .
  - de 1re classe, y compris les voitures de luxe.
  - des classes intermédiaires, y compris les voitures mixtes.
  - de dernière classe.
- de waggons de service.
- de waggons de marchandises.

Observations.

CHEMINS DE FER (parties livrées à l'exploitation).

DÉPENSES D'ÉTABLISSEMENT.

Désignation du chemin.

Longueur livrée à l'exploitation au **31 décembre 185** .

Dépenses totales d'établissement.

Dépense d'établissement par kilomètre.
- Frais généraux.
- Terrains.
- Terrassements.
- Ouvrages d'art.
- Bâtiments de toute nature.
- Voie et accessoires.
- Matériel roulant.
- Mobilier et divers.
- totale.

Prix moyen par unité.
- Hectare de terrain.
- Mètre cube de terrassements.
- Mètre cube de maçonnerie de toute nature.
- Mètre courant de souterrain. { à une voie. / à deux voies.
- du mètre superficiel de viaduc, plein et vide, en projection verticale.
- d'une maison de garde.
- d'une station et dépendances.. { hors classe. / de 1re clase. / de 2e classe. / de 3e classe.
- d'une locomotive à voyageurs.
- d'une locomotive à marchandises.
- d'une voiture à voyageurs. { de 1re classe ou de luxe. / mixte ou des classes intermédiaires. / de dernière classe.
- d'un waggon de service.
- d'un waggon de marchandises.

Observations.

CHEMINS DE FER (parties livrées à l'exploitation).

EXPLOITATION.

PERSONNEL.

Désignation du chemin.

Longueur livrée à l'exploitation au 31 décembre 185 .

Administration centrale. Nombres.	Administrateurs, directeurs, sous-directeurs, comités, secrétaires généraux. Personnel des bureaux. Manœuvres et gens de service. Ensemble.

Mouvement et trafic.. . .	Service central.. .	Directeurs, chefs et sous-chefs de l'exploitation du mouvement. Personnel des bureaux. Manœuvres et gens de service.
	Service des gares. .	Chefs et sous-chefs des gares. Receveurs, facteurs enregistrants, chefs comptables, etc. Hommes d'équipe, manœuvres, ouvriers.
	Service des trains.	Chefs de trains, contrôleurs de route, sous-inspecteurs. Conducteurs, garde-freins.
	Ensemble.	

Traction.	Ingénieurs, chefs de dépôt, chefs et sous-chefs d'ateliers. Personnel des bureaux, des dépôts, contre-maîtres. Mécaniciens, chauffeurs. Ouvriers, gens de service à l'année ou à la journée. Ensemble.

Voie.	Ingénieurs, architectes, inspecteurs, chefs de section. Personnel des bureaux, conducteurs, piqueurs. Agents de la surveillance de l'entretien, équipes et gens de service. Ensemble.

Nombre total.

Nombre de personnes par kilomètre.	Administration. Exploitation. Traction. Voie. Ensemble.

Proportion pour 100. . . .	Administration. Exploitation. Traction. Voie. Ensemble.

Observations.

CHEMINS DE FER (parties livrées à l'exploitation).

EXPLOITATION.

TRAFIC DE LA GRANDE VITESSE.

Désignation du chemin.

Longueur.. . . { livrée à l'exploitation au **31** décembre **185** .
{ moyenne exploitée dans l'année.

Mouvement des voyageurs.

Nombre des voyageurs à toute distance dans l'année. . . . .
- de 1re classe, y compris les places de luxe.
- des classes intermédiaires.
- de dernière classe.
- Divers à prix réduits.
- Ensemble.

Parcours total. . . . . .
- de 1re classe, y compris les places de luxe.
- des classes intermédiaires.
- de dernière classe.
- Divers à prix réduits.
- Ensemble.

Parcours moyen d'un voyageur.
- de 1re classe, y compris les places de luxe.
- des classes intermédiaires.
- de dernière classe.
- Divers à prix réduits.
- de toute classe.

Nombre moyen de places occupées dans un train de voyageurs sur la distance entière. . . . . .
- de 1re classe.
- des classes intermédiaires.
- de dernière classe.
- Divers.
- Ensemble.

Proportion p. 0/0 du nombre des voyageurs à toute distance.
- 1re classe.
- Classes intermédiaires.
- Dernière classe.
- Divers.

Proportion p. 0/0 du nombre des voyageurs à la distance entière.
- 1re classe.
- Classes intermédiaires.
- Dernière classe.
- Divers.

Bagages. . . . { Nombre de bulletins.
{ Poids total.

Messageries . . { Nombre d'articles.
{ Poids total.

Observations (seront mises au bas du tableau).

CHEMINS DE FER (parties livrées à l'exploitation).

EXPLOITATION.

TRAFIC DE LA PETITE VITESSE.

Désignation du chemin.

Longueur{ livrée à l'exploitation au 31 décembre 185   .
moyenne exploitée dans l'année.

Nombre de tonnes.. . . . .{ Céréales et farines.
Vins, vinaigres et esprits.
Epiceries, denrées coloniales.
Fontes, fers, métaux.
Houille et coke.
Matériaux de construction.
Engrais et amendements.
Marchandises diverses.
Ensemble.

Nombre de tonnes ramené à la distance entière. .{ Céréales et farines.
Vins, vinaigres et esprits.
Epiceries, denrées coloniales.
Fontes, fers, métaux.
Houille et coke.
Matériaux de construction.
Engrais et amendements.
Marchandises diverses.
Ensemble.

Nombre moyen de tonnes pour un train de marchandises sur la distance entière.

Marchandises par tête. — Nombre. . . . .{ Chevaux.
Gros bétail.
Bétail moyen.
Petit bétail.

Marchandises par tête ramenées à la distance entière.{ Chevaux.
Gros bétail.
Bétail moyen.
Petit bétail.

Nombre moyen de têtes de bétail pour un train de marchandises sur la distance entière.

Observations.

CHEMINS DE FER (parties livrées à l'exploitation).

EXPLOITATION.

MOUVEMENT DU MATÉRIEL.

Désignation du chemin.

Longueur. . . . . { livrée à l'exploitation au **31 décembre 185** .
{ moyenne exploitée dans l'année.

Mouvement des trains.. . {

Nombre de trains par jour. . . { de voyageurs.
{ de marchandises.
{ Ensemble.

Parcours total des trains. . . . { de voyageurs.
{ de marchandises.
{ Ensemble.

Nombre de trains par jour sur { de voyageurs.
la distance entière. { de marchandises.
{ Ensemble.

Coke consommé par kilomètre parcouru par un train.

Eau consommée par kilomètre parcouru par un train.

Mouvement
des machines. {

Parcours total des machines. . { de voyageurs.
{ de marchandises.
{ Ensemble.

Parcours annuel moyen d'une.. { de voyageurs.
{ de marchandises.
{ Ensemble.

Mouvement des véhicules
de la
grande vitesse. {

Parcours total. . . . . { 1re classe.
{ Classes intermédiaires.
{ Dernière classe.
{ Waggons de service.

Parcours annuel moyen d'un.. { 1re classe.
{ Classes intermédiaires.
{ Dernière classe.
{ Waggons de service.

Nombre moyen de véhicules { 1re classe.
pour un train de voyageurs. { Classes intermédiaires.
{ Dernière classe.
{ Waggons de service.

Mouvement des véhicules
de la
petite vitesse. {
Parcours total des waggons de marchandises.
Parcours annuel moyen d'un.
Nombre moyen de waggons pour un train de marchandises.

Vitesse
moyenne d'un train. {

de voyageurs. . . . . { Maximum.
{ Minimum.

de marchandises. . . . . . . { Maximum.
{ Minimum.

Observations.

CHEMINS DE FER (parties livrées à l'exploitation).

EXPLOITATION.

ÉTAT DES TARIFS PERÇUS PAR KILOMÈTRE EN 185

non compris les tarifs différentiels.

Désignation du chemin.

Longueur. . . . { livrée à l'exploitation au 31 décembre 185 .
{ moyenne exploitée dans l'année.

Grande vitesse..	Voyageurs.	1re classe.	Tarif perçu. Tarif légal.	
		Classes intermédiaires.	Tarif perçu. Tarif légal.	
		Dernière classe.	Tarif perçu. Tarif légal.	
	Chevaux..		Tarif perçu. Tarif légal.	
	Par tonne.	Marchandises et articles de messageries.	Tarif perçu. Tarif légal.	
Petite vitesse..	Par tonne.	Tarif maximum..	Tarif perçu. Tarif légal.	
		Céréales et farines.	Tarif perçu. Tarif légal.	
		Vins, vinaigres et esprits.	Tarif perçu. Tarif légal.	
		Épiceries, denrées coloniales.	Tarif perçu. Tarif légal.	
		Fontes, fers, métaux.	Tarif perçu. Tarif légal.	
		Houille et coke.	Tarif perçu. Tarif légal.	
		Matériaux de construction.	Tarif perçu. Tarif légal.	
		Engrais et amendements.	Tarif perçu. Tarif légal.	
		Tarif minimum..	Tarif perçu. Tarif légal.	
	Par tête. . .	Chevaux.	Tarif perçu. Tarif légal.	
		Gros bétail.	Tarif perçu. Tarif légal.	
		Bétail moyen.	Tarif perçu. Tarif légal.	
		Petit bétail.	Tarif perçu. Tarif légal.	

Observations.

CHEMINS DE FER (parties livrées à l'exploitation).

EXPLOITATION.

RECETTES DE LA GRANDE VITESSE.

Désignation du chemin.

Longueur.. . . . . { livrée à l'exploitation au 31 décembre 185 .
{ moyenne exploitée dans l'année

Recettes totales. . . . .
Voyageurs. . . { 1re classe, y compris les voitures de luxe.
Classes intermédiaires.
Dernière classe.
Divers à prix réduits.
Ensemble.
Bagages.
Accessoires.. . { Messageries.
Divers.
Ensemble.
Total des recettes de la grande vitesse.

Recettes par kilomètre. . . . . .
Voyageurs.
Accessoires.
totales.

Recettes par kilomètre parcouru pour un train de grande vitesse. . . . .
Voyageurs.
Accessoires.
totales.

Proportion pour 100 des recettes de voyageurs. . . . .
1re classe.
Classes intermédiaires.
Dernière classe.
Divers à prix réduits.

Proportion pour 100 des recettes de la grande vitesse. . . . . .
Voyageurs.
Accessoires.

Observations.

CHEMINS DE FER (parties livrées à l'exploitation).

EXPLOITATION.

RECETTES DE LA PETITE VITESSE.

Désignation du chemin.

Longueur.............{ livrée à l'exploitation au 31 décembre 185 .
{ moyenne exploitée dans l'année.

Recettes totales.........

Marchandises à la tonne.
- Céréales et farines.
- Vins, vinaigres et esprits.
- Epiceries, denrées coloniales.
- Fontes, fers, métaux.
- Houille et coke.
- Matériaux de construction.
- Engrais et amendements.
- Diverses.
- Ensemble.

Marchandises par tête ou par pièce........
- Chevaux.
- Gros bétail.
- Bétail moyen.
- Petit bétail.
- Diverses.
- Ensemble.

Autres marchandises non classées.
Total des recettes de la petite vitesse.

Recettes par kilomètre......
- Marchandises à la tonne.
- Marchandises par tête ou par pièce.
- Diverses.
- Ensemble.

Recettes par kilomètre parcouru par un train de petite vitesse.
- Marchandises à la tonne.
- Marchandises par tête ou par pièce.
- Diverses.
- Ensemble.

Proportion pour 100 des recettes de la petite vitesse......
- Marchandises à la tonne.
- Marchandises par tête ou par pièce.
- Diverses.

Observations.

CHEMINS DE FER (parties livrées à l'exploitation).

EXPLOITATION.

DÉPENSES D'EXPLOITATION.

Désignation du chemin.

Longueur. . . . . { livrée à l'exploitation au 31 décembre 185 .
{ moyenne exploitée dans l'année.

Dépenses totales.. . . . .

Administration. . . . { Personnel.
{ Dépenses diverses.
{ Ensemble.

Exploitation, mouvement et trafic. { Personnel.
{ Dépenses diverses.
{ Ensemble.

Traction et matériel. . { Personnel.
{ Coke consommé par les machines.
{ Entretien des machines et tenders.
{ Entretien des voitures des waggons.
{ Dépenses diverses.
{ Ensemble.

Voie. . . . . . , . . . { Personnel.
{ Entretien de la voie et des bâtiments.
{ Dépenses diverses.
{ Ensemble.

Dépenses accessoires.
Total général des dépenses de l'exploitation.

Dépenses par kilomètre. .

Administration.
Exploitation, mouvement et trafic.
Traction et matériel.
Voie.
Diverses.
Ensemble.

Dépenses par kilomètre parcouru par un train.

Administration.
Exploitation, mouvement et trafic.
Traction et matériel.
Voie.
Diverses.
Ensemble.

Observations.

CHEMINS DE FER (parties livrées à l'exploitation).

EXPLOITATION.

RÉSULTATS GÉNÉRAUX DE L'EXPLOITATION
pendant l'année 185 .

Désignation du chemin.

Longueur. . . . { livrée à l'exploitation au 31 décembre 185 .
{ moyenne exploitée dans l'année.

Recettes. . . . .
- totales. . . . . .
  - Grande vitesse. . { Voyageurs. / Accessoires. / Ensemble.
  - Petite vitesse. . . { Marchandises à la tonne. / Accessoires. / Ensemble.
  - Diverses.
  - Total général des recettes.
- par kilomètre. . .
  - Grande vitesse. . { Voyageurs. / Accessoires. / Ensemble.
  - Petite vitesse. . . { Marchandises à la tonne. / Accessoires. / Ensemble.
  - Diverses.
  - Total général des recettes par kilomètre.
- par kilomètre parcouru par un train quelconque.

Dépenses. . . . . { totales.
{ par kilomètre.
{ par kilomètre parcouru par un train.

Produit net. . . . { total.
{ par kilomètre.
{ par kilomètre parcouru par un train.

Rapports. . . . .
- du nombre de places offertes au nombre de places occupées (trains de voyageurs).
- du poids brut au poids utile (train de marchandises).
- du produit des voyageurs à la recette brute.
- de la dépense à la recette.

Observations.

NAVIGATION INTÉRIEURE.

RIVIÈRES FLOTTABLES EN TRAINS OU NAVIGABLES.

RENSEIGNEMENTS TECHNIQUES.

Bassin principal.

Désignation de la rivière.

Points où commencent { le flottage. / la navigation fluviale. / la navigation maritime.

Longueur. { de la partie flottable. / de la partie navigable. / de la navigation maritime.

Points remarquables du cours de la rivière formant sections.

Indication pour chaque section.
{ de la longueur.
de la largeur moyenne du lit.
de la pente moyenne par kilomètre.
du tirant d'eau. . . . . { à l'étiage. / en bonnes eaux de navigation.
de la hauteur au-dessus de l'étiage. { des eaux où cesse la navigation. / des plus grandes crues.
du débit. . . . . { à l'étiage. / dans les plus grandes crues.

Dépenses totales faites pour améliorations.

Dépense annuelle d'entretien par kilomètre.

OBSERVATIONS. (Indiquer les époques ordinaires et la durée des hautes et basses eaux, et des interruptions de la navigation par la baisse des eaux, les crues, les glaces, etc., s'il existe des barrages éclusés, et, dans ce cas, quelles sont les dimensions des écluses; le système et la longueur des barrages; si les terres riveraines sont supérieures ou inférieures aux grandes crues, si elles sont protégées par des digues submersibles ou insubmersibles, etc.)

NAVIGATION INTÉRIEURE.

RIVIÈRES FLOTTABLES EN TRAINS OU NAVIGABLES.

CIRCULATION en 185 .

Bassin principal.

Désignation de la rivière.

Partie flottable.
{ Longueur.
{ Tonnage ramené au parcours total.
{ Fret par kilomètre.
{ Produit du péage.

Partie navigable.
Longueur.
Points remarquables de son cours.
Tonnage ramené au parcours total par section.......
{ Céréales et farines.
{ Vins, spiritueux.
{ Épiceries, denrées coloniales.
{ Fontes, fers et métaux.
{ Houille et coke.
{ Matériaux de construction, bois, minerais,
{ Engrais et amendements.
{ Marchandises diverses.
{ Total par section.
Tonnage ramené au parcours total de la rivière.
Taux moyen du fret par kilomètre.
{ Transport ordinaire.
{ Transport accéléré.
Produit du péage.

OBSERVATIONS. (Indiquer notamment quelles sont les bases du tarif du péage, quels sont les divers modes de traction des bateaux et quelle est la proportion approximative entre le tonnage correspondant à chaque mode, etc.)

NAVIGATION INTÉRIEURE.

CANAUX OU RIVIÈRES CANALISÉES ASSIMILÉES AUX CANAUX.

RENSEIGNEMENTS TECHNIQUES.

Désignation du canal.

Nature du canal (latéral, à point de partage; rivière canalisée).

Points extrêmes de la ligne.

Désignation des bassins réunis par le canal.

Désignation des versants et biez de partage.

Longueur. { par versant et biez de partage. / totale.

Pente à racheter.. { par versant. / totale.

Nombre d'écluses. { par versant. / total.

Profil transversal. { Largeur... { au plafond. / à la ligne de flottaison. / des chemins de halage. / totale entre les clôtures (en moyenne). } Tirant d'eau normal.

Écluses. { Largeur. / Longueur entres les buses.

Hauteur minimum des ponts sur canal, au-dessus du plan d'eau.

Prises d'eau. { Nombre. / Volume d'eau fourni; moyenne par vingt-quatre heures.

Réservoirs. { Nombre. / Contenance totale.

Dépenses de premier éta-{ totales. / blissement.. { par kilomètre.

Dépenses annuelles d'entre-{ totales. / tien. { par kilomètre.

OBSERVATIONS. — (Indiquer notamment la largeur et la hauteur sous clefs des souterrains s'il en existe, les principaux ponts-canaux et leurs dimensions, la dépense moyenne d'eau par kilomètre et par vingt-quatre heures, le mode de traction des bateaux, etc.).

NAVIGATION INTÉRIEURE.

CANAUX OU RIVIÈRES CANALISÉES A SSIMILÉESAUX CANAUX.

CIRCULATION en 185 .

Désignation du canal.

Longueur totale.

Chômages. . . . .
{ Durée ordinaire en hiver.
  — en été.
  Durée totale et moyenne par an.

Points principaux du parcours.

Tarif perçu par tonne et par kilomètre. . . . .
{ Céréales et farines.
  Vins, spiritueux.
  Épiceries, denrées coloniales.
  Fontes, fers et métaux.
  Houille et coke.
  Matériaux de construction, bois, minerais.
  Engrais et amendements.
  Marchandises diverses.
  Total par section.

Tonnage ramené à la distance entière dans chaque section du parcours. . . . .
{ Céréales et farines.
  Vins, spritueux.
  Épiceries, denrées coloniales.
  Fontes, fers et métaux.
  Houille et coke.
  Matériaux de construction, bois, minerais.
  Engrais et amendements.
  Marchandises diverses.
  Total par section.

Tonnage ramené au parcours total du canal.

Taux moyen du fret par kilomètre.
{ Transport ordinaire.
  Transport accéléré.

Produit total du péage en 185 .

OBSERVATIONS. (Indiquer notamment, et en particulier pour les marchandises énoncées au tableau, quelles sont les bases du tarif du péage, quels sont les divers modes de traction, et quelle est la proportion approximative entre le tonnage correspondant à ces divers modes.)

NAVIGATION MARITIME.

PORTS.

Départements.

Désignation des ports.

Situation géographique. . . . . {
Longitude.
Latitude.
Baies, golfes, embouchures de fleuves sur lesquels ils sont situés.
Voies de terre ou d'eau y aboutissant.

Hauteur des marées au-dessus du niveau moyen. {
en vive eau.
en morte-eau.

Tirant d'eau maximum des navires. {
en vive eau.
en morte-eau.

Port d'échouage ou avant-port. {
Surface abritée.
Longueur totale des quais.

Bassins ou docks. . . . . . . {
Nombre.
Surface totale.
Longueur totale des quais.
Largeur des écluses. . . . . . . { Maximum. Minimum.
Hauteur des vives eaux au-dessus des buscs. { Maximum. Minimum.

OBSERVATIONS ET RENSEIGNEMENTS GÉNÉRAUX. (Orientation de la passe. — Vents régnants. — Vents de tempêtes. — Durée de l'étale. — Ouvrages destinés à abriter le port ou à en fixer l'entrée. — Moyens employés pour conserver la profondeur. — Dragages. — Chasses naturelles et artificielles. — Cales de construction. — Cales de radoub. — Formes sèches ou flottantes. — Machines à mâter, etc.

NAVIGATION MARITIME.

PORTS.

Désignation des ports.

Navires entrés et sortis :

- 1850.
  - Nombre.
  - Equipages.
  - Tonnage : à charge. / sur lest. / total.
- 1851.
  - Nombre.
  - Equipages.
  - Tonnage : à charge. / sur lest. / total.
- 1852.
  - Nombre.
  - Equipages.
  - Tonnage : à charge. / sur lest. / total.
- 1853.
  - Nombre.
  - Equipages.
  - Tonnage : à charge. / sur lest. / total.
- 1854.
  - Nombre.
  - Equipages.
  - Tonnage : à charge. / sur lest. / total.

Droits de douane perçus en :
- 1850.
- 1851.
- 1852.
- 1853.
- 1854.

Observations.

NAVIGATION MARITIME.

PHARES.

Indication des phares.

Latitude.

Longitude.

Objet du feu.

Caractère du feu.

Hauteur du foyer { au-dessus du sol. / au-dessus des hautes mers.

Portée en milles marins.

Nature de l'appareil.

Nature du combustible employé.

Mode de construction de l'édifice.

Dépenses d'établissement { de l'édifice. / de l'appareil.

Dépense annuelle d'entretien et d'éclairage.

Nombre de gardiens.

OBSERVATIONS. (Indiquer notamment le produit annuel, dans le cas où le phare est soumis à un péage.)

TÉLÉGRAPHIE ÉLECTRIQUE.

Direction de la ligne télégraphique.

Longueur.

Disposition (aérienne ou souterraine).

Emplacement (sur une route ordinaire ou sur un chemin de fer).

Points de raccordement avec les pays voisins, soit par la voie de terre, soit par un prolongement sous-marin.

Nombre des fils sur chaque ligne.

Noms des stations.

Système de l'appareil de transmission.

Frais d'établissement par unité pour les parties aériennes de chaque ligne. de distance. pour les parties souterraines de chaque ligne.

Frais d'entretien par unité de pour les parties aériennes de chaque ligne. distance. pour les parties souterraines de chaque ligne.

OBSERVATIONS. (Bases d'après lesquelles les taxes sont établies. — La taxe est-elle proportionnelle à la distance ou uniforme pour toute distance? — Nombre annuel des dépêches du gouvernement. — Nombre annuel des dépêches des particuliers. — Produit annuel de la taxe perçue sur les dépêches privées.)

2°.

———

STATISTIQUE AGRICOLE.

———

Les questions à résoudre, en ce qui concerne cette statistique, se rapportent, comme l'indiquait déjà le programme belge de 1853, 1° à l'époque du recensement, 2° à la périodicité du recensement, 3° au mode opératoire, 4° au cadre à remplir ou aux renseignements à recueillir.

La solution des deux premiers points, ou du moins leur solution définitive, devant dépendre des principes qui seront adoptés sur les trois autres, il importe de rechercher successivement 1° quel est le mode d'opérer le plus favorable à l'exactitude des renseignements à recueillir ; 2° si le recensement ne doit pas être soumis à une double périodicité, l'une annuelle, l'autre décennale ; 3° quelles sont les demandes de renseignements à comprendre dans le cadre du recensement annuel et du recensement décennal.

1. MODE D'OPÉRER.

La solution, purement provisoire, donnée à cette question par le congrès de 1853, se trouve formulée, ainsi qu'il suit, dans le compte rendu officiel, pages 150-151 :

« Les recensements de l'agriculture, de même que le dénombrement de « la population, ne peuvent produire des résultats dignes de foi qu'au-

« tant qu'ils sont ordonnés de manière à constater, sur les lieux mêmes,
« et avec le concours d'agents sûrs et intelligents, tous les faits qu'ils ont
« pour objet de recueillir.

« Le congrès n'a pas cru devoir déterminer un mode opératoire absolu
« et uniforme ; ce mode peut différer non-seulement dans chaque pays,
« selon son organisation administrative et les conditions dans lesquelles se
« trouve la propriété, mais aussi, dans le même pays, selon que ses di-
« verses parties ont des conditions différentes dans la division de la pro-
« priété. »

La première question que soulève la lecture de ce passage est celle-ci :

Qui recueillera les renseignements? Les agents sûrs et intelligents demandés par le congrès seront-ils des fonctionnaires ordinaires que l'administration chargerait de ce travail, en dehors de leurs attributions habi-
tuelles, ou des agents spéciaux rétribués, ou enfin des particuliers réunis
en commissions?

Au premier aperçu, rien ne paraît plus simple que de charger les fonctionnaires et agents communaux du soin de recueillir les faits de la statistique agricole. En effet, ils sont sur les lieux ; ils y exercent une autorité
plus ou moins étendue ; ils y jouissent souvent d'une considération méritée ;
tous les habitants leur sont connus. On peut donc croire qu'ils sont particulièrement en mesure de se procurer des renseignements dignes de foi.

Eh bien ! une expérience souvent renouvelée a prouvé, sans réplique, au
moins en France, que cette prévision n'est pas fondée. En France, le maire
exerce ses fonctions gratuitement ; l'accomplissement régulier de ces fonctions l'occupe déjà suffisamment ; le reste de son temps est absorbé par le
soin de ses intérêts personnels. Le plus souvent aussi, il est étranger, par
ses études, par ses goûts, aux travaux statistiques, dont il apprécie rarement
l'importance. Quelquefois, ce qui est bien plus grave, partageant les préjugés de ses administrés sur le but de ces travaux, il les considère comme un
moyen d'accroître les impôts, et se sent plutôt disposé à leur susciter des
entraves qu'à leur prêter un concours actif.

Convient-il de substituer aux maires des agents spéciaux rétribués?

Trois difficultés très-graves, presque insolubles, se présentent ici :

1° Organes directs du gouvernement, et, ainsi, bien plus gravement
soupçonnés que n'auraient pu l'être les maires d'être les agents d'une pensée fiscale, les recenseurs rétribués trouveront, dans cette préoccupation des
administrés, des obstacles insurmontables à l'accomplissement de leur mission.

2° Comment trouver, dans chaque commune, ou même, si l'on veut, dans une circonscription plus étendue, celle du canton, un nombre suffisant de personnes réunissant les conditions d'aptitude et de considération personnelle qui sont nécessaires pour une enquête de cette nature? Comment croire, en outre, que les personnes qui réunissent ces conditions consentiraient à recevoir un mandat salarié?

3° Les dépenses d'une enquête par des agents rétribués seraient nécessairement très-considérables, et cette considération serait une cause incessante d'ajournement.

Reste l'appel au concours de simples particuliers réunis en commissions.

Certainement, cette combinaison n'est pas à l'abri de toute critique. On peut dire qu'il sera difficile de trouver, en nombre suffisant, des hommes éclairés, influents, justes appréciateurs de l'importance des travaux statistiques, qui consentent à accepter la mission délicate, difficile, de commissaires enquêteurs. On peut dire encore qu'il est douteux que des commissions ainsi formées parviennent complétement à vaincre les préjugés des populations rurales contre toute recherche prescrite, par le gouvernement, sur la production agricole.

Ces objections peuvent être fondées dans une certaine mesure; ce mode d'information n'en paraît pas moins être celui qui réunit le plus d'avantages et soulève le moins d'objections.

D'abord, la question d'une composition convenable des commissions de statistique est subordonnée à celle de la circonscription dans laquelle elle doit opérer. Si cette circonscription est suffisamment étendue, si, comme en France, par exemple, elle comprend le canton, soit, en moyenne, 15,000 habitants, il est relativement facile d'y trouver les éléments d'une bonne organisation des commissions. Il n'y aurait, d'ailleurs, aucun inconvénient, il pourrait même n'y avoir que des avantages à y appeler les fonctionnaires publics, maires et autres, de la circonscription.

Si une commission ainsi formée ne peut dissiper complétement les préventions des administrés contre le but de l'enquête agricole, on reconnaîtra, au moins, que, par suite de la prédominance, dans son sein, de ce que l'on peut appeler l'*élément libre et indépendant*, elle est particulièrement en mesure de lutter favorablement contre ces préventions, de les affaiblir par degrés, et, peut-être, si elle est constituée à l'état de commission permanente, de les faire cesser un jour complétement.

Les commissions, organisées telles qu'elles viennent d'être décrites et qu'elles fonctionnent en France, doivent être, de la part du gouvernement, l'objet d'encouragements bien entendus. Ces encouragements se présentent naturellement sous la forme de récompenses honorifiques. Il ne saurait être question ici d'en indiquer la nature; car elles doivent dépendre essentiellement des institutions, des mœurs et des usages de chaque pays.

La seconde question est celle-ci :

Comment les agents rétribués ou les commissions (selon le système que l'on adopte) doivent-ils opérer?

Nous allons raisonner dans l'hypothèse de l'existence des commissions.

Deux considérations semblent dominer la matière. La première, c'est que beaucoup de cultivateurs se contentent encore, aujourd'hui, de ne connaître qu'approximativement le chiffre de leur récolte, sans se rendre compte des frais de production ; ils se croient intéressés, en outre, pour éviter une prétendue augmentation d'impôts, à rester, dans leurs déclarations, notablement au-dessous de la vérité.

La seconde, c'est que les déplacements fréquents qu'imposerait aux membres des commissions le système de l'enquête à domicile peuvent être à la fois onéreux et fatigants.

Il paraît donc préférable de réserver ce procédé d'information pour un petit nombre de cas spéciaux (par exemple, pour le recensement décennal des animaux et pour tous autres renseignements qui ne pourraient être obtenus par de simples évaluations), et de suivre à peu près exclusivement une méthode que nous croyons devoir exposer brièvement.

Les membres des commissions commenceraient par relever l'étendue affectée, dans chaque commune, aux diverses cultures, en s'assurant que l'ensemble de ces relevés concorde aussi exactement que possible avec le total des surfaces cultivées fourni par le cadastre. Cette opération préliminaire, base de tout le travail, est la seule qui exige quelque déplacement et des soins particuliers; elle devrait être faite en mai ou en juin.

L'étendue des surfaces consacrées à chaque nature de culture ayant été reconnue sur le terrain, il devient facile d'évaluer, après la récolte, le rendement des divers produits agricoles, soit d'après des expériences personnellement faites par ceux des membres des commissions qui dirigent une exploitation rurale, soit d'après des données recueillies auprès d'un certain nombre d'agriculteurs placés dans les conditions voulues pour fournir des renseignements dignes de foi.

Les expériences à faire par les membres des commissions consisteraient simplement à peser ou à mesurer le produit de quelques parcelles d'une *étendue déterminée* de terres de toutes classes, et à établir ainsi un rendement moyen général. En multipliant ensuite ce rendement moyen par la superficie totale des cultures, telle qu'elle a été relevée sur le terrain, on aurait le chiffre approximatif de la production totale dans une circonscription déterminée.

II. PÉRIODICITÉ DES RECENSEMENTS AGRICOLES.

En 1855, le congrès a émis le vœu que ces recensements eussent lieu, comme celui de la population, tous les dix ans. « Il serait utile, a-t-il ajouté, d'établir dans les tableaux deux colonnes, dont l'une donnerait les résultats de l'année sur laquelle porte le travail, et l'autre le résultat moyen du terme écoulé entre le recensement antérieur et celui auquel le tableau s'applique. »

Ce passage indique implicitement que le congrès avait en vue une double périodicité ; l'une annuelle, l'autre décennale. Mais la statistique annuelle doit-elle être la même que la statistique décennale ? Évidemment non. Il est des faits agricoles qui ne se modifient que lentement et dont les évolutions ne deviennent appréciables qu'au bout d'une série d'années ; on peut donc en réserver la constatation aux enquêtes décennales. D'autres, au contraire, varient à des intervalles très-rapprochés, et il importe de les recueillir au fur et à mesure qu'ils se produisent, c'est-à-dire tous les ans. Des intérêts considérables, dont de récentes chertés ont démontré toute l'importance, paraissent, d'ailleurs, exiger que les gouvernements et, par leur intermédiaire, le commerce soient informés, en temps utile, de l'état annuel des récoltes.

III. CADRE DU RECENSEMENT DE L'AGRICULTURE.

(Renseignements à recueillir.)

Sur ce point, le congrès de 1853 a émis l'opinion suivante :

« Quel doit être le cadre des recensements, ou, en d'autres termes, quels sont les faits qu'ils doivent constater pour qu'ils atteignent le but en vue duquel ils sont entrepris ? Théoriquement, cette question ne peut soulever aucune controverse. Comme les recensements agricoles sont destinés à donner une connaissance complète des conditions, des procédés et des résultats de l'industrie agricole d'un pays à une époque déterminée, il importe qu'ils embrassent tous les faits qui, à ces divers points de vue, doivent servir d'éléments essentiels à cette appréciation. Cependant le recensement agricole doit comprendre un minimum de questions relatives à l'*area* (superficie du sol affecté à chaque espèce de culture), au produit de chacune de ces cultures, au mode de fertilisation, à la valeur des produits, aux travailleurs agricoles, au nombre d'animaux domestiques. »

Le recensement de l'agriculture devrait donc comprendre, dans l'opinion du congrès,

1° La superficie du sol affecté à chaque espèce de culture ou de contenance ;

2° Le produit de chacune de ces cultures ;

3° Le mode de fertilisation ;

4° La valeur des produits ;

5° Les travailleurs agricoles;

6° Le nombre des animaux domestiques.

En se reportant à la discussion (page 105), on trouve que cette énumération n'est qu'un sommaire des principaux faits qui doivent appeler l'attention des agents des recensements. Elle est, d'ailleurs, purement indicative. C'est dans cette supposition que nous allons rechercher quels sont les renseignements les plus utiles que doivent comprendre le recensement annuel et le recensement décennal.

A. *Recensement annuel.*

Les faits les plus utiles à recueillir, tous les ans, paraissent être les suivants :

1° *Superficie* consacrée

    Aux diverses espèces de céréales,

    Aux pommes de terre (et autres tubercules),

    Aux légumes secs,

    Aux graines oléagineuses,

    Aux plantes textiles,

    Aux prés artificiels et naturels, et aux cultures fourragères annuelles,

    Aux vignes,

    A la culture maraîchère ;

2° *Quantité* de produits récoltés sur ces superficies ;

3° *Prix moyen* et

4° *Valeur moyenne* de ces produits.

A ces questions, qui forment un *minimum*, il serait utile, sans doute, d'en ajouter d'autres, notamment sur le poids moyen des diverses espèces de céréales, sur le prix de vente des bois par hectare, selon l'âge et l'essence, sur la récolte des arbres fruitiers, sur les produits de l'apiculture, sur la récolte et les prix des cocons, sur les irrigations, les desséchements, les progrès du drainage, l'emploi des machines, et sur d'autres faits agricoles spéciaux aux divers pays.

B. *Cadre des recensements décennaux.*

Ce cadre peut être considéré comme le développement de celui de la statistique annuelle, complété par quelques renseignements d'une nature moins variable. Ainsi les recensements décennaux doivent toujours avoir pour base, comme les recensements annuels, les *superficies*, *quantités*, *prix moyens* et *valeurs moyennes* des céréales, légumes secs, racines, plantes oléagineuses et textiles, des produits des prés, des vignes, de la culture maraîchère ; seulement il conviendra d'y ajouter un certain nombre de questions sur la silviculture, sur les landes et bruyères, etc. Les agents des recensements devront, en outre, recueillir des documents, pour chaque culture, sur les frais de main-d'œuvre, de fumier, de transport, de battage, etc., etc. Il conviendra également de faire des recherches sur la culture de la betterave, de la garance, des olives, du houblon et d'autres cultures spéciales analogues.

Nous avons vu que le cadre décennal doit encore comprendre, d'après les indications contenues dans le vote du congrès de 1855, *le mode de fertilisation, la statistique des travailleurs agricoles et celle des animaux domestiques.*

Par *mode de fertilisation*, le congrès a, sans doute, entendu la statistique des engrais et amendements.

Il paraît difficile d'obtenir des chiffres certains sur la quantité totale d'engrais d'étable réellement employée ; aussi suffira-t-il, à tous égards, de demander la *quantité moyenne par an* employée sur un espace donné, 1 hectare par exemple. Les questions relatives aux amendements dont le cultivateur a les matériaux sous la main ou qu'il n'achète pas habituellement peuvent être formulées de la même manière. Mais, pour les engrais qui sont l'objet d'un commerce (os, noir animal, cendre, guano, etc.), il convient de demander à la fois la quantité moyenne employée par hectare et la consommation totale.

Les *travailleurs agricoles* méritent une étude toute particulière. Dans notre pensée, on doit distinguer entre les journaliers ou travailleurs à salaires, et les domestiques ou travailleurs à gages (valets de ferme, vachers, charretiers, bergers, etc.).

Les journaliers seraient subdivisés selon le sexe et l'état civil ; on constaterait le nombre des membres de la famille à leur charge (vieillards ou enfants) ; on s'informerait du taux de leurs salaires, selon qu'ils sont, ou non, nourris ; du nombre des journées de travail par an, des occupations et bénéfices accessoires. En regard des recettes, dont on aurait ainsi recueilli les éléments, on placerait des renseignements relatifs aux principales dépenses : logement, nourriture, habillement, impôts.

Les domestiques, également divisés par sexe et par état civil, pourraient donner lieu à des questions sur la forme sous laquelle les gages sont acquittés (payement en argent, en nature, etc.).

La *statistique des animaux domestiques* comporte des détails nombreux dont il faut savoir choisir les plus importants. Parmi ces derniers, il y a lieu de ranger : les quantités par espèce, avec une ou deux subdivisions pour les âges ; le nom de la race (perfectionnée ou commune) ; les pertes occasionnées par les épizooties et les accidents ; le prix, le poids brut et net pour les animaux qui servent à la consommation ; le revenu produit par les animaux, sous forme d'engrais, de croît, de laine, etc., etc.

A ces renseignements, implicitement renfermés dans le cadre général et sommaire approuvé par le congrès de 1855, il convient d'ajouter des questions sur le nombre des cultivateurs propriétaires exploitant par eux-mêmes ; sur le nombre des fermiers, métayers et régisseurs ; sur l'étendue des exploitations agricoles classées par groupes ; sur le nombre des parcelles par exploitation ; sur la valeur des terres de différentes classes ; sur le taux des fermages ; sur la durée moyenne des baux, sur l'étendue des chemins spécialement affectés à l'agriculture, etc., etc.

Peut-être y aurait-il lieu de recenser, en même temps, les charrues (sans roues ou à une ou deux roues), les chariots et charrettes, les machines à battre et les autres pièces du gros outillage agricole.

Il n'est pas douteux que les dimensions du cadre qui précède peuvent encore être étendues ; mais il y aurait lieu de craindre qu'en donnant aux enquêtes agricoles une trop grande étendue on ne finit par en compromettre le succès, soit en imposant aux recenseurs une tâche excessive, soit en inquiétant les populations.

En dehors de ces renseignements, qui ne peuvent être recueillis que sur les lieux et par des agents spéciaux, il conviendrait, pour rendre aussi comparative que possible la statistique agricole de chaque pays, de répondre, *à chaque recensement décennal*, aux questions suivantes :

1. Quel est le mode de possession et de transmission de la propriété, et, notamment (*a*), la possession est-elle parfaite, ou bien la législation autorise-t-elle les substitutions ? Dans ce dernier cas, jusqu'à quel degré ces substitutions sont-elles autorisées ? — (*b*), La terre est-elle tenue en franchise ou bien est-elle grevée de droits et redevances ayant un caractère féodal ? — (*c*), Quel est le droit commun en matière de transmission de propriétés rurales ? La loi stipule-t-elle un droit sur l'immeuble patrimonial, au profit de l'aîné des mâles, dans les successions testamentaires ou *ab intestat* ? Le droit de morcellement, par vente, hérédité ou autrement, est-il, ou non, absolu ? Certaines catégories de terres (terres nobles, terres de paysans, terres ecclésiastiques) sont-elles, ou non, placées sous ce rapport, en dehors du droit commun ?

2. Quelle est la superficie des propriétés dites de *mainmorte*, c'est-à-dire possédées par le clergé tant régulier que séculier, par les établissements publics, par les communes, etc., etc.?

La loi ne met-elle aucun obstacle à l'accroissement indéfini de ces propriétés ?

3. L'agriculture est-elle l'objet d'encouragements de la part du gouvernement et de sociétés spéciales? Sous quelle forme ces encouragements sont-ils donnés ? (Création d'écoles d'agriculture, de fermes modèles, d'écoles vétérinaires, concours, primes, distinctions honorifiques, distribution de graines et plants, publication d'ouvrages spéciaux ou souscription à ces ouvrages, indemnités en cas de pertes, mesures préventives des épizooties, etc.).

4. Indiquer le nombre et la nature des assurances agricoles, ainsi que leurs conditions principales ; donner, en outre, le nombre moyen annuel des assurances et la valeur des propriétés assurées. — Nombre annuel des sinistres agricoles et évaluation des pertes.

5. Existe-t-il des institutions de crédit foncier? Ces institutions ont-elles été fondées par l'État ou par des compagnies ? — Indiquer la nature de leurs opérations.

6. Évaluer, par unité de superficie, le montant des diverses taxes, soit

locales, soit générales, qui grèvent directement la propriété rurale. — Indiquer quelles sont les catégories de terres (nobles, ecclésiastiques, etc., etc.) qui, en vertu d'un privilége spécial, ne sont pas soumises à ces taxes.

3°.

STATISTIQUE

DES ÉTABLISSEMENTS PÉNITENTIAIRES.

1° NOTE.

Dans un rapport soumis à l'empereur en 1852, le ministre de l'intérieur de France signalait ainsi qu'il suit l'importance des établissements pénitentiaires dépendants de son département :

« Ce service se rattache à l'administration de la justice criminelle par la détention préventive et répressive; aux institutions religieuses et à l'enseignement public, par la réforme morale et l'éducation élémentaire des condamnés adultes et des jeunes détenus; à l'agriculture et au commerce, par les colonies agricoles et l'exploitation du travail pénitentiaire; à la guerre et à la marine, par la détention et le transfèrement de certaines classes de condamnés; au domaine, par les vastes bâtiments qu'il occupe; à l'hygiène publique, par l'état sanitaire des prisons; à la sûreté générale, par la surveillance des détenus et le patronage des libérés; et enfin aux intérêts du trésor, par ses dépenses et ses produits. »

Ces considérations, qui s'appliquent aux autres établissements pénitentiaires, comme les bagnes, les prisons militaires, les colonies expiatoires, témoignent suffisamment de l'intérêt qui s'attache à la rédaction d'une statistique, uniforme pour chaque pays, de l'ensemble de ces établissements.

Voici l'indication des éléments communs que cette statistique devrait tendre à reproduire :

Il conviendrait d'abord que toute statistique fût précédée d'un exposé ayant pour objet de décrire l'organisation administrative des établissements, leurs règlements intérieurs, leur régime alimentaire, le système d'emprisonnement soit en commun, soit par catégories, soit cellulaire, soit mixte. S'il était possible, on joindrait à cet exposé un plan sommaire des bâtiments, avec indication du cubage d'air et du système de ventilation. Les rapports au parlement anglais, publiés chaque année par le colonel Jebb, sur les prisons d'Angleterre, ceux de M. Ducpectiaux sur les prisons de Belgique, offrent, à cet égard, d'excellents modèles.

Les cadres principaux dans lesquels on classerait les faits, en ayant soin de distinguer les prévenus, les condamnés, les jeunes détenus, pourraient être les suivants :

1° Mouvement annuel d'entrée et de sortie des détenus dans les établissements, et situation de la population des établissements à une époque déterminée.

Ce tableau devrait faire connaître particulièrement le nombre des individus qui passent d'un établissement dans un autre, par suite de changements survenus dans leur situation légale ou de toute autre circonstance, et qui, se trouvant ainsi portés plusieurs fois en entrée ou en sortie, peuvent donner lieu à de fausses appréciations des chiffres réels du mouvement.

2° État civil, sexe, âge, origine rurale ou urbaine, antécédents judiciaires, professions, instruction avant la condamnation, criminalité, pénalité. Toutes ces circonstances, qui constituent la situation antérieure à la détention pénale, sont aussi du domaine de l'administration criminelle ; elles doivent cependant entrer dans les statistiques pénitentiaires comme offrant un intérêt véritable dans leur comparaison avec les faits et les résultats de la répression.

3° État disciplinaire relatant les crimes, délits et infractions commis dans les établissements, et donnant lieu à des peines ou punitions infligées par les tribunaux ou par la discipline intérieure. Moyens rémunératoires, grâces et commutations de peines.

4° Régime industriel, professions enseignées, avec indication en regard, autant que possible, de la profession antérieurement exercée par chaque détenu ; industries exploitées dans les prisons par des entrepreneurs ou par l'État ; prix de main-d'œuvre ; répartition et emploi des salaires.

5° Instruction religieuse, morale, scolaire comparée avec l'état antérieur à la détention.

6° État sanitaire et mortalité. Ces documents, d'une haute importance dans l'administration pénitentiaire, devraient présenter l'état des malades et décédés d'après les divers groupes de maladies afférentes à chacun des appareils principaux de l'organisme ; ils devraient, en outre, donner le rapport des maladies et des décès avec le sexe, l'âge, la profession antérieure et actuelle. La pénalité, l'état sanitaire avant et depuis l'entrée en prison, les punitions subies, la durée de la captivité des individus atteints, les saisons, les causes locales, épidémiques, accidentelles, et surtout les suicides et aliénations mentales, devraient donner lieu à des renseignements spéciaux.

7° Les institutions de patronage, là où elles existent, devraient aussi fournir la matière de statistiques spéciales indiquant :

Le nombre des patronnés comparé au nombre total des libérés,

Leur situation antérieure à la condamnation,

Les faits qui l'ont motivée,

La nature de la peine et la durée de la captivité subies,

Leur conduite pendant la détention,

Leur état physique et moral, leur degré d'instruction, leur degré d'aptitude ou d'habileté,

Leurs ressources pécuniaires et leur profession à la sortie,

Leurs placement, emploi et occupation,

Leur conduite pendant le patronage,

Leur état actuel, s'ils se sont mariés, etc., etc.,

Les récidives.

L'intérêt de ces renseignements si divers, et qui tirent leur valeur de leur réunion même, est, au surplus, mis complétement en relief par le questionnaire et par les états qui s'y réfèrent.

Comme les bagnes et les établissements consacrés à la transportation, dans les pays où il en existe, rentrent nécessairement dans la catégorie des prisons pour peine ou établissements pénitentiaires, la statistique de ces établissements devrait être dressée d'après le plan tracé au § 3 du questionnaire ci-après, avec les modifications rendues nécessaires par la différence du régime, des travaux et de la situation au moment de la libération.

Cette observation s'applique aussi aux pénitenciers militaires.

2º QUESTIONNAIRE.

---

§ 1ᵉʳ. — QUESTIONS PRÉLIMINAIRES.

Questions préliminaires communes à tous les établissements. (Ces renseignement seront donnés sous forme de notice placée en tête de la série des tableaux qu'ils concerneront.)

1º Quel est le régime de détention :
En commun?
Séparation par catégorie?
Cellulaire?
Mixte?
Combien de chambres d'isolement?
Plan sommaire des bâtiments avec indication du cubage d'air et du système de ventilation.

2º Quelles sont les règles de discipline intérieure?
Moyens de punition, de récompense.

3º Quel est le nombre des agents d'administration et de surveillance?
Directeur?
Gardiens?
Sœurs?
Aumônier?
Médecin?
Instituteur, etc., etc.?

4º Quel est le régime alimentaire quotidien?
Quantité et qualités de pain,
De soupe,
De viande,
De légumes,
De boissons?
Quels vivres du supplément peuvent être achetés par le détenu?

5º Quel est le vestiaire?
La chaussure,
Le linge,
Le blanchissage?
Quel coucher?
Quel est le mode d'éclairage?

Quel est le mode de chauffage?
6° Comment est-il pourvu aux services économiques?
    Par régie?
    Par entreprise?
7° Quel est le régime hygiénique?
8° Quel est le nombre de journées de détention pendant l'année?
    Quel est le prix de la journée?
    Quel est le nombre le plus élevé de détenus que la prison ait réunis?
9° Quel est l'emploi de la journée?
    Travail,
    Repas,
    Instruction religieuse,
    —   morale,
    —   scolaire, etc., etc.?

§ 2. — PRISONS PRÉVENTIVES ET CORRECTIONNELLES (1).

A. *Situation de l'effectif. — Mouvement d'entrée et de sortie pendant l'année.*

1° Quel est, au 1er janvier de l'année de la statistique, le nombre de l'effectif, divisé selon les diverses catégories légales (prévenus, accusés, etc.)?

2° Nombre des détenus entrés pendant l'année, venant de l'état de liberté ou sortant d'autres prisons, avant ou après jugement?

3° Combien sont sortis dans le cours de l'année
    Renvoyés avant jugement,
    Acquittés après jugement,
    Libérés,
    Graciés,
    Décédés,
    Évadés,
    Transférés dans d'autres prisons?

4° Quel était, au 31 décembre, le nombre de l'effectif décomposé comme dans la situation au 31 décembre précédent?

B. *Discipline.*

1° Infractions commises pendant l'année, leur nature. — Distinction, par colonnes, des infractions légères ou graves. — Combien de punitions, leur nature?

(1) Les mêmes prisons reçoivent, en France, les prévenus ou individus non encore jugés et les condamnés à des peines d'emprisonnement d'un jour à un an; et il est probable qu'il en est ainsi dans plusieurs autres États. Le régime est le même, sauf que le travail est facultatif pour les prévenus. Il se trouve aussi, dans ces prisons du premier degré, en France, des détenus pour dettes, des détenus par mesure administrative, même des condamnés à plus d'un an d'emprisonnement qui y attendent leur transfèrement dans les établissements pénitentiaires. De là résulte une certaine confusion dans la statistique de ces prisons préventives.

2° Nature des crimes et délits commis dans les prisons et réprimés par la justice ordinaire.

C. *Travail.*

1° Espèces d'industries exercées dans la prison.

2° Nombre moyen des détenus occupés à chaque industrie.

3° Nombre des journées de détention.

4° Nombre des journées de travail.

5° Prix moyen de la journée de travail pour chaque genre d'industrie.

6° Emploi du salaire : 1° employé dans la prison, 2° mis en réserve pour la sortie, 3° envoyé à la famille.

D. *Instruction scolaire.*

1° Degré d'instruction des détenus avant leur entrée dans la prison? — *a*, illettrés; — *b*, sachant lire; — *c*, lire, écrire et calculer; — *d*, instruction supérieure.

2° Nombre des individus admis à l'école.

3° Degré d'instruction atteint pendant la détention. (Même division que ci-dessus.)

E. *État sanitaire.*

1° Combien ont été, pendant l'année, atteints de maladies aiguës ou chroniques?

2° D'aliénation mentale?

3° Quel a été le nombre des journées d'infirmerie?

4° Combien de décès

    Par suite de maladies,

       —   de suicides,

       —   d'accidents?

§ 3. — ÉTABLISSEMENTS PÉNITENTIAIRES DESTINÉS AUX CONDAMNÉS.

F. *Situation de l'effectif. — Mouvement d'entrée et de sortie pendant l'année.*

1° Nombre, au 1ᵉʳ janvier, des individus existant dans l'établissement? Distinguer les sexes (quand il y aura lieu) et les catégories pénales (condamnés aux travaux forcés, à la réclusion, à l'emprisonnement, etc.).

2° Combien sont entrés pendant l'année (toujours suivant le sexe et les catégories pénales)?

3° Combien sont sortis, pendant l'année,

    Par libération,

    Par grâce,

    Par transfèrement dans un autre établissement de répression,

Par évasion,
Par décès?

4° Effectif au 31 décembre, suivant le sexe et les catégories pénales, comme pour les entrées.

. 5° Nombre des journées de détention.

6° Population moyenne.

G. *Classement des condamnés par département ou autre circonscription (selon les pays).*

État, par département ou autre circonscription (suivant les pays), des condamnés entrés, chaque année, dans la prison, ou de tous les condamnés à une époque donnée.

H. *Situation des condamnés avant l'entrée dans les établissements pénitentiaires.*

1° Combien appartenaient à la population des villes? des campagnes?

2° Combien étaient enfants légitimes?

   Naturels?

   Enfants trouvés?

3° Combien étaient célibataires;

   Mariés, avec ou sans enfants;

   Veufs, avec ou sans enfants?

4° Quels étaient leurs âges (16 à 21 ans inclusivement, de 21 à 30 ans, et ainsi de suite de dix en dix ans)?

5° Leurs professions antérieures : agriculteurs, industriels, sans profession, mendiants, vagabonds?

6° Leurs antécédents judiciaires (a, non repris de justice; b, ayant été condamnés précédemment aux travaux forcés; c, à la réclusion; d, à l'emprisonnement de plus d'un an; e, d'un an et moins; f, à l'amende)?

J. *Causes de la détention. — Nature des infractions à la loi, nature et durée des peines.*

Quelles étaient :

1° Les causes de la dernière condamnation ou la nature des infractions à la loi?

2° La nature de la condamnation ou de la dernière peine, en distinguant par catégories de durée?

   Travaux forcés : 5 à 10 ans, plus de 10 ans, à perpétuité.

   Réclusion : 5 à 7 ans, 7 à 10 ans.

   Emprisonnement : de 1 an à 2, 2 à 3 ans, 3 à 4 ans, 4 à 5 ans, 5 ans et plus.

K. *État disciplinaire.*

(Voir la lettre *B*.)

L. *Instruction scolaire.*

(Voir la lettre *G.*)

M. *État sanitaire.*

1° Nombre des détenus entrés à l'infirmerie
Par suite de maladies aiguës ou chroniques.
2° Nombre des décédés par suite de diverses maladies,
Principalement phthisie,
      — scrofules,
      — fièvre,
      — scorbut.
Maladies des voies digestives.
Combien de suicides,
    — de morts accidentelles?
3° Nombre des cas d'aliénation mentale contractée avant
Ou après l'emprisonnement.
4° Nombre des malades admis aux infirmeries et des décédés, classés
D'après la nature des maladies affectant les divers appareils
Circulatoire,
Respiratoire,
Digestif,
Génito-urinaire,
Cérébro-spinal ;
Selon l'âge,
  — la saison,
  — les professions antérieures,
  —   — actuelles,
  — la pénalité,
  — l'état de récidive,
  — les punitions disciplinaires subies,
  — la durée de la captivité,
  — l'état de santé antérieur.

N. *Travail.*

1° Quelles sont les industries exercées. Donner leur énumération dans la première
colonne du tableau.
2° Nombre moyen d'ouvriers.
3° Nombre moyen d'apprentis pour chaque industrie.

4° Nombre des journées de détention de travail.
5° Produit brut de la main-d'œuvre, d'après les tarifs, gratifications non comprises.
6° Montant des retenues pour malfaçon.
7° Reste net.
8° Prix moyen par journée de détention — de travail.
9° Division du produit du travail entre les prisonniers, les entrepreneurs, l'État.
10° Pécule disponible dans la prison.
11° Pécule réservé pour le moment de la libération.
12° Emploi du pécule disponible
 En achat d'aliments : pain, autres ;
 En secours aux familles ;
 En restitutions ?

O. *Grâces et commutations de peine dont les condamnés ont été l'objet.*

Nombre des condamnés (hommes ou femmes) qui ont obtenu grâce entière, des commutations ou réductions de peine, en indiquant la durée de la réduction.

§ 4. — ÉTABLISSEMENTS DE JEUNES DÉTENUS.

La plupart des tableaux précédents s'appliqueront aux jeunes détenus, et on devra compléter la statistique de ces établissements par l'addition des tableaux ci-après :

P. *Renseignements sur les familles.*

Situation des familles auxquelles appartiennent les jeunes détenus ; leurs parents sont-ils
 1° Aisés,
 2° Vivant de leur travail,
 3° Sans profession et sans aveu,
 4° Inconnus ou disparus,
 5° Repris de justice ?

Q. *Renseignements sur les enfants libérés.*

Nombre des libérés pendant l'année, classés suivant
1° Leur âge à la sortie : moins de 12 ans, 13 ans, 14 ans, etc., etc. ;
2° Leur profession ou condition antérieure à la condamnation : agriculteurs, industriels, sans profession ; — leur profession à la sortie (mêmes divisions) ;
3° Les faits qui ont motivé la condamnation ;
4° La nature et la durée de la peine ou de la détention : condamnés détenus par voie de correction paternelle, etc. ;

5° La durée de la captivité subie : 1 an et moins de 1 an, de 2 à 3 ans, de 3 à 4 ans, etc.;

6° La conduite pendant la détention : nature des infractions à la discipline, punitions encourues;

7° Le degré, à leur sortie,

D'instruction religieuse,
    —   scolaire,
    —   professionnelle;

8° Leur état de santé.

R. *Patronage et condition des jeunes libérés à leur sortie.*

Nombre 1° des enfants placés en patronage;

2° Réclamés par leurs parents, rendus à leur famille, en distinguant, pour chacune des deux classes, ceux qui ont été

Placés comme agriculteurs,
    —   ouvriers,
    —   domestiques,
    —   engagés militaires.

3° Montant du pécule ou des secours qui ont été donnés aux jeunes libérés à leur sortie.

4°.

STATISTIQUE JUDICIAIRE.

Le congrès international de statistique a émis, dans sa première session, les vœux suivants :

1° Qu'il soit préparé, pour lui être soumis dans sa seconde session, un tableau, aussi complet que possible, des crimes, délits et contraventions prévus par les lois pénales de chaque pays ;

2° Que, dans les publications officielles, la statistique des faits relatifs à chaque tribunal (ou plutôt à chaque groupe de tribunaux du même ordre) soit précédée d'une courte notice sur l'organisation et la compétence de ces tribunaux ;

3° Que le plan d'une statistique civile applicable à tous les pays lui soit soumis dans sa seconde session.

Première question. — Il a paru qu'il suffisait, pour répondre au désir du congrès, en ce qui concerne la France (1), d'adopter la double nomenclature qui a été publiée dans le compte général de la justice criminelle en France de l'année 1850, et qui embrasse, d'une part, *tous les crimes*, et, de l'autre, *tous les délits et contraventions* dont la répression a été poursuivie, durant vingt-cinq années (de 1826 à 1850), devant les cours d'assises et les tribunaux correctionnels, en y ajoutant les infractions aux lois promulguées depuis.

Les infractions qui, pendant ce laps de vingt-huit ans, ne se seraient pas produites, offrent évidemment peu d'intérêt.

Les contraventions de simple police ne sont pas comprises dans cette no-

___

(1) Il y a lieu de penser qu'un travail analogue sera préparé et remis au congrès par les membres chargés d'y représenter officiellement leur pays.

menclature. Il est probable que, par le mot *contravention* employé dans la question formulée par le compte rendu du congrès de Bruxelles, on doit entendre certaines infractions spéciales de la compétence des tribunaux correctionnels, telles que les contraventions aux lois sur les forêts, les douanes, les contributions indirectes, les octrois, les postes, etc., et non ces légères contraventions aux règlements de police qui, dans toutes les agglomérations de population, ont pour objet d'assurer la tranquillité, la propreté et la sécurité publiques. Ces contraventions sont nombreuses et elles varient souvent suivant les localités. En France, elles sont réprimées par les juges de paix ou par les maires constitués en tribunaux de simple police.

Les crimes et délits sont divisés, les premiers, en cinq catégories :

1° Crimes contre la chose publique,

2° Crimes contre les personnes,

3° Crimes contre les mœurs,

4° Crimes contre la propriété inspirés par la cupidité,

5° Crimes contre les propriétés inspirés par la malice ou le seul désir de nuire.

Les délits sont divisés de la même manière, avec addition d'une sixième catégorie comprenant les contraventions diverses qui ne pouvaient pas entrer facilement dans les précédentes.

Cette classification n'est pas à l'abri de toute critique; mais elle semble plus rationnelle que celle qui repose sur l'ordre alphabétique ou tout autre. Il ne s'agit pas, d'ailleurs, de la proposer à l'adoption des autres États; car, ainsi que M. Mittermayer l'a démontré au congrès de Bruxelles, l'adoption d'une classification uniforme des infractions à la loi est impossible, et d'ailleurs sans véritable utilité. Il suffit d'avoir des nomenclatures complètes des crimes et délits des divers pays; et les hommes qui s'occupent de statistique criminelle comparée sauront bien disposer ces éléments dans le sens des questions qu'ils voudront traiter. (Voir l'annexe.)

Deuxième question. — Il y a lieu de reproduire le vœu émis par le congrès de Bruxelles, que dans les statistiques judiciaires (criminelle, civile ou commerciale) on fasse précéder chaque série de tableaux embrassant le résumé des travaux des tribunaux du même ordre ou du même degré de juridiction, de notices expliquant l'organisation et la compétence de ces tribunaux.

On obtiendra ainsi d'utiles données sur l'organisation judiciaire de chaque État, et l'on ne sera plus exposé, en faisant de la statistique criminelle comparée, à mettre en parallèle les graves infractions d'un pays avec les infractions légères d'un autre, comme le font chaque jour les personnes qui, par exemple, rapprochent les individus jugés par les cours d'assises de France avec ceux qui comparaissent devant les cours d'assises d'Angleterre. Ces dernières, en effet, jugent, en outre des faits qualifiés crimes en France, beaucoup d'inculpations qui ne constituent, dans ce dernier pays, que de simples délits de la compétence des tribunaux correctionnels.

Il a semblé que, pour assurer l'exactitude de la statistique criminelle au point de vue des récidives, il importait que le congrès émît le vœu que, dans tous les États de l'Europe, on adopte l'institution des casiers judiciaires, introduite depuis 1851 en France, où elle produit les meilleurs résultats. C'est ainsi qu'à l'aide de ces casiers on a pu constater les condamnations prononcées depuis 1851.

Cette institution consiste à ouvrir, dans diverses localités, des casiers où viennent se classer les bulletins de toutes les condamnations prononcées contre les individus originaires des diverses parties du territoire compris dans une circonscription dont la localité choisie est en quelque sorte le centre et le foyer.

En France, il a été ouvert trois cent soixante et un casiers : un par arrondissement judiciaire. Ils sont installés au greffe de chaque tribunal de première instance.

C'est là que viennent aboutir et se classer par ordre alphabétique les bulletins constatant les condamnations prononcées par les divers tribunaux de l'empire, soit du continent, soit des colonies, contre les individus originaires de l'arrondissement.

Lorsqu'on veut savoir si un individu a des antécédents judiciaires, il suffit de demander au greffe du tribunal de l'arrondissement dont il est originaire un extrait du casier judiciaire. Si l'individu n'a jamais été condamné, il est délivré un bulletin négatif; s'il a été jugé et condamné en France, depuis 1830, par une cour d'assises ou un tribunal correctionnel quelconque, le bulletin donne le relevé de toutes les condamnations dont il a été l'objet.

Comme ces trois cent soixante et un casiers ne peuvent pas recevoir utilement les bulletins des condamnations encourues par les étrangers ou par les individus dont on n'a pu découvrir le lieu de naissance, ce qui, d'ailleurs, est rare (aujourd'hui à peine une fois sur vingt), il est indispensable de créer un casier central pour les bulletins de ces deux catégories. Ce casier central donne alors les renseignements qui ne peuvent être obtenus des autres.

La police judiciaire trouve dans cette institution les plus précieux et les plus faciles moyens d'investigation.

Troisième question. — 4° Plan d'une statistique civile applicable à tous les pays.

S'il est relativement facile de déterminer les éléments que doit comprendre une bonne statistique criminelle et le mode de classement qu'il convient d'adopter dans tous les pays, on est frappé des difficultés que soulève un travail analogue en ce qui concerne une statistique des décisions judiciaires en matière civile et commerciale.

On en trouve, au besoin, la preuve dans ce fait que, si l'on possède déjà plusieurs bonnes statistiques criminelles, on ne saurait en dire autant des statistiques civiles et commerciales.

Quatre pays seulement, en effet, jusqu'à ce jour, ont publié des documents de cette nature à peu près complets ; ce sont la France, la Belgique, Naples et la Sardaigne.

C'est qu'il est beaucoup plus difficile, il faut bien le reconnaître, de faire le dénombrement des décisions judiciaires en matière civile et commerciale qu'en matière criminelle.

Le nombre des infractions à la loi criminelle est limité, et chaque poursuite n'en comprend habituellement qu'un petit nombre, le plus souvent une seule, très-rarement plus de deux ou trois, et dans chaque poursuite elles sont presque toujours de la même espèce. Les questions soumises au jury ou aux tribunaux sont, par conséquent, simples, et les décisions qui interviennent ne le sont pas moins. Il devient ainsi possible et même facile de réduire ces divers faits en tableaux statistiques peu compliqués.

Mais quelle différence quand on veut examiner un procès civil et en extraire des unités de quelque valeur propres à être classées dans des tableaux statistiques, même abstraction faite des mille expédients que la chicane, malgré la simplification des formes de procédure, sait encore employer pour embrouiller les affaires ! Qui ne sait combien les questions soumises aux tribunaux, en cette matière, sont nombreuses et variées dans chaque procès ?

Mais ne pourrait-on pas, dira-t-on, se borner à constater les résultats généraux, c'est-à-dire, sans doute, se borner à compter les décisions de chaque tribunal, sans indiquer la nature des affaires dans lesquelles ces décisions interviennent ? Mais alors on s'expose à des erreurs sans nombre. Pour tel tribunal, on confondra les décisions sur le fond avec celles qui statuent sur des incidents ou des avant-faire-droit ; pour tel autre, on attribuera le caractère de décisions judiciaires à des actes qui n'auront pas cette valeur, et l'on arrivera ainsi à des totaux que l'on ne pourra comparer sans s'exposer à des méprises énormes.

Dans cet état de choses, peut-être convient-il de renvoyer aux congrès futurs le soin de tracer le plan d'une statistique civile et de se borner à formuler les vœux suivants, dont la réalisation est de nature à faciliter, dans un avenir peu éloigné, la préparation de ce plan :

1° Qu'il soit publié, dans tous les pays de l'Europe, des comptes rendus des décisions judiciaires en matière civile et commerciale, pour la rédaction desquels on s'attacherait, autant que le permettraient les formes de la procédure et la législation, à prendre pour modèles les tableaux de la France, de la Belgique, de la Sardaigne et de Naples, qui sont uniformes sur un grand nombre de points;

2° Que, dans les comptes rendus, les travaux des tribunaux de chaque degré de juridiction soient l'objet de tableaux séparés, avec la distinction des décisions sur le fond des décisions sur questions préjudicielles ou incidentes (préparatoires, interlocutoires, de compétence, etc.);

3° Que la durée des procès soit indiquée;

4° Que l'on classe, autant que possible, les procès les plus importants *par nature*, c'est-à-dire d'après les questions principales résolues par les tribunaux, et notamment les affaires

De divorce,

De séparation de corps,

D'adoption,

De pension alimentaire (en distinguant si les demandes sont formées par ascendants ou descendants),

D'interdiction,

De dation de conseil judiciaire,

De séparation de biens entre époux,

De servitudes foncières,

De succession,

De donation ou testament,

De vente,

De louage,

D'hypothèque,

De prescription, etc.;

5° Que l'on fasse des tableaux spéciaux pour les *ventes sur expropriation forcée* et autres ventes judiciaires, pour les ordres ou distributions des produits des ventes sur expropriation entre les créanciers, et que l'on indique, autant que possible, la durée de ces procédures spéciales, les frais qu'elles coûtent comparés au produit des ventes;

6° Que l'on donne le relevé des actes notariés par nature, s'il est possible ;

7° En matière commerciale, que l'on fasse connaître, en outre du nombre des affaires contentieuses, celui des faillites ouvertes, et leur résultat.

Si, en l'état actuel, la préparation du plan d'une statistique civile uniforme ne paraît pas pouvoir être établie dans des conditions tout à fait satisfaisantes, il n'en faut pas moins reconnaître toute l'importance de la question et tout l'intérêt qui s'attacherait à sa solution.

La statistique civile ne saurait, sans doute, appeler au même degré que la statistique criminelle l'attention des moralistes et même du législateur ; mais elle offre, dans chaque pays, un excellent moyen de surveiller la marche de la justice, de s'assurer du zèle ou de la négligence des tribunaux, de constater les abus et d'y porter, par conséquent, remède. On lui doit, en France, depuis quinze ans, des progrès très-marqués dans l'administration de la justice civile.

(ANNEXE.)

TABLEAU

DES CRIMES, DÉLITS ET CONTRAVENTIONS PRÉVUS PAR LA LOI PÉNALE FRANÇAISE.

CRIMES CONTRE L'ORDRE PUBLIC.

Association de malfaiteurs organisée contre les personnes et les propriétés.

Ban de surveillance (rupture de) par un individu condamné pour voie de fait envers un magistrat.

Crimes politiques divers.

Évasion d'individus accusés de crimes entraînant une peine afflictive ou infamante, ou de condamnés pour des crimes de ce genre, favorisée par les gardiens.

Faux témoignage et subornation de témoins.

Faux serment en matière civile.

Forfaiture (actes de) non punis de peines spéciales.

Lois sanitaires (contraventions aux).

Rébellion avec circonstances aggravantes.

Violences envers des fonctionnaires publics, suivies d'effusion de sang.

Violences exercées par des mendiants et par des vagabonds.

CRIMES CONTRE LA MORALE ET LES BONNES MŒURS.

Avortement.

Bigamie.

Enlèvement de mineurs.

Viol et attentat à la pudeur sur des adultes de quinze ans accomplis.

———————— sur des enfants de moins de quinze ans.

CRIMES CONTRE LES PERSONNES.

Assassinat (homicide volontaire commis avec préméditation et guet-apens).

Attentat à la liberté individuelle, séquestration de personnes.

Castration.

Chemins de fer (obstacles à la circulation sur les).

Coups et blessures suivis de mort sans intention de la donner.

      ———   d'incapacité de travail pendant plus de vingt jours.

      ———   envers un ascendant.

Empoisonnement.

Infanticide (homicide volontaire d'enfant nouveau-né).

Menaces par écrit et sous condition.

Meurtre (homicide volontaire).

Parricide.

Sédition sur un navire.

Suppression ou supposition d'enfant.

Traite des noirs.

CRIMES CONTRE LES PROPRIÉTÉS (par cupidité).

Abus de confiance (détournement, par un salarié, d'objets à lui confiés à la charge de les rendre, représenter ou d'en faire un emploi déterminé).

Banqueroute frauduleuse.

Bris, *à dessein*, de scellés apposés sur les papiers ou effets d'un accusé de crime entraînant la peine de mort, des travaux forcés ou de la déportation.

Concussion (perceptions illicites par un fonctionnaire).

Contrebande par un douanier.

Communication, à des étrangers ou à des Français expatriés, de secrets manufacturiers par des ouvriers, commis ou préposés de la fabrique, etc.

Contrefaçon de clefs par un serrurier.

      —   de poinçons-timbres, marteaux, etc.

Corruption (acceptation, par un fonctionnaire, de dons, présents, offres pour faire un acte de ses fonctions, même juste, mais non sujet à salaire, ou pour s'abstenir d'un acte de ses fonctions).

Détournement de deniers publics par un dépositaire (valeur de plus de 3,000 fr. ou excédant le cautionnement).

Extorsion de titres ou de signatures à l'aide de violence ou contrainte.

Fausse monnaie (fabrication ou émission de).

Faux billets de banque (fabrication ou émission de).

Faux en écriture de commerce.

      —   authentique et publique par supposition de personnes ou autres.

      —   privée.

Pillage de grains en bande et à force ouverte.

Soustraction et destruction de titres, actes privés, etc.

      —   par un employé de la poste.

Vols commis la nuit, en réunion, avec armes, dans une maison habitée, à l'aide d'effraction extérieure et de violences.

Vols, à l'aide de violences ayant laissé des traces de blessures.

  — sur un chemin public, sans autre circonstance aggravante.

  —   —   — avec une seule circonstance aggravante.

Vols à l'aide de violence avec plusieurs circonstances aggravantes.
— à l'aide d'escalade, d'effraction ou de fausses clefs.
— à l'aide de violences.
— la nuit, par plusieurs personnes, avec armes apparentes.
— — dans une maison habitée, etc., ou en réunion.
— par un aubergiste, un batelier ou un voiturier d'objets à eux confiés.
— par un domestique, commis ou salarié quelconque.

(Pour nuire à autrui sans profit pour soi-même.)

Baraterie.
Destruction de constructions.
— pillage et dégàt de propriétés mobilières ou immobilières.
— de registres.
Incendie d'édifices habités (**1**).
— — non habités (**1**).
— d'autres objets (**1**).

DÉLITS CONTRE L'ORDRE PUBLIC.

Abus d'autorité par un fonctionnaire public.
Animaux domestiques (mauvais traitements).
Armes prohibées (port d').
Armes de guerre (fabrication ou détention d').
Associations illicites.
Attroupement non dispersé après sommations.
Ban de surveillance (infraction au).
Bris de scellés volontaire ou par suite de la négligence du gardien.
Cafés, cabarets ouverts sans autorisation.
Coalition d'ouvriers.
— de marchands, d'entrepreneurs.
Criminels (recèlement de).
Dégradation de monuments publics.
Déserteurs (recèlement de).
Enchères (entraves à la liberté des).
Évasion de détenus.
Fausses nouvelles (publication de).
Grains (entraves à la libre circulation des).
Inhumation sans autorisation et violation de sépulture.
Jeux de hasard (tenue de maison de).
Logements insalubres.

(1) Quelques incendies sont cependant inspirés par la cupidité; ce sont ceux qui sont allumés par les propriétaires assurés pour se faire payer les primes d'assurance.

Loteries clandestines.
Mendicité.
Opposition à des travaux autorisés par le gouvernement.
Outrages à des magistrats, fonctionnaires et agents.
    —   à un ministre du culte.
    —   à la religion.
Ouverture de lettres confiées à la poste.
Passe-ports et certificats faux.
Police sanitaire (contraventions aux lois sur la).
Politiques (délits).
Presse, imprimerie, librairie.
Prêt sur gages (maison de) tenue sans autorisation.
Rébellion sans circonstances aggravantes.
Recèlement de cadavre d'homicidé.
Recrutement (contravention en matière de).
Témoins défaillants ou refus de déposer.
Théâtre non autorisé (ouverture de).
Usurpation de fonctions et port illégal de costumes, décorations, etc.
Vagabondage.

DÉLITS CONTRE LES PERSONNES.

Arrestation illégale pendant moins de dix jours.
Coups et blessures volontaires.
Blessures involontaires ou par imprudence.
Dénonciation calomnieuse.
Diffamation et injures publiques.
Exposition d'enfant dans un lieu solitaire ou non solitaire.
Homicide involontaire ou par imprudence.
Infanticide par imprudence.
Menaces verbales ou par écrit sans condition.
Outrages à un témoin en haine de sa déposition.
Substances nuisibles (administration volontaire de).
Violation de domicile.

DÉLITS CONTRE LES MOEURS.

Adultère.
Attentat aux mœurs en favorisant la débauche.
Détournement de mineurs.
Outrages à la morale publique et religieuse.
Outrage public à la pudeur.

DÉLITS CONTRE LES PROPRIÉTÉS (*par cupidité*).

Abus de confiance (détournement d'objets confiés).
Banqueroute simple.
Bornes (déplacement de).
Concussion par des commis ou préposés de fonctionnaires.
Contrefaçon d'œuvres littéraires, de brevets.
    —   de clefs.
Corruption (tentative de) (voir les crimes).
Destruction de titres.
Détournement de deniers publics.
    —   d'effets saisis par le saisi.
Escroquerie.
Fausse monnaie donnée pour bonne.
Maraudage et délits ruraux.
Propriété littéraire (représentation d'ouvrages dramatiques au mépris du droit des auteurs).
Tromperie sur la nature et la quantité des marchandises.
Usure.
Vols simples.

DÉLITS CONTRE LES PROPRIÉTÉS (*par malice*).

Destruction d'arbres et dévastation de plants et récoltes.
    -    d'animaux appartenant à autrui.
    —   de clôtures.
    —   d'objets mobiliers.
Révélation de secrets manufacturiers.

CONTRAVENTIONS DIVERSES EN MATIÈRE DE :

Accouchements (exercice illicite de l'art des).
Chasse (contraventions aux lois sur la).
Chemins de fer (loi sur la police des).
Chemins publics (dégradation de).
Colportage d'imprimés sans autorisation.
Contributions indirectes (contravention aux lois sur les).
Crieurs et afficheurs publics sans autorisation.
Douanes (contrebande).
Eaux et forêts (contraventions aux lois sur les).
Effets militaires (achat d').
Épizootie (détention d'animaux atteints de maladie contagieuse).
État civil (tenue des actes de l').
Garde nationale (refus de service, etc.).

Huissiers, notaires, contraventions.
Incendie par imprudence.
Inondation des propriétés d'autrui.
Instruction publique (contravention à la loi sur l').
Manufactures (durée du travail).
Marine (coupe de goëmon, etc.).
Médecine, chirurgie, pharmacie (contraventions aux lois sur la).
Mines (contraventions aux lois sur les).
Octrois (—   —   —   ).
Pêche (—   —   sur la).
Postes (—   —   sur les).
Réfugiés étrangers (rupture de ban).
Salubrité publique (infractions aux lois sur la).
Vente de marchandises neuves à l'encan.

5°.

STATISTIQUE

DES INSTITUTIONS DE PRÉVOYANCE.

1° NOTE.

Les institutions dites de prévoyance ont pour but soit de faciliter l'économie aux populations ouvrières et de leur créer ainsi d'utiles réserves, soit de procurer à ces mêmes populations et, en général, à toutes les classes de la société le moyen de se garantir, par un léger sacrifice actuel, contre le résultat des accidents qui peuvent menacer l'avenir.

Ces institutions, inconnues des anciens et qui se sont surtout multipliées dans ces derniers temps, ont pour caractère commun de donner à leurs nombreux clients *la sécurité*, le premier bien pour l'homme après la vertu. Elles conviennent parfaitement à l'état social et économique des peuples modernes, ou plutôt elles en sont comme un fruit naturel et, sur certains points, un bienfaisant correctif. Elles méritent donc, au plus haut degré, l'intérêt de tous les amis de l'humanité, ainsi que l'appui des gouvernements, et, pour qu'elles puissent être développées et perfectionnées de plus en plus, il est évidemment désirable que l'on constate, comparativement entre les différents pays, la situation et les résultats de celles qui ont pris une véritable importance.

On peut incontestablement ranger dans cette dernière catégorie les caisses d'épargne, les sociétés de secours mutuels, les caisses de retraite pour la vieillesse, et les sociétés d'assurances de toute nature.

Les renseignements statistiques pour chaque espèce d'institution devront s'appliquer à la durée ordinaire d'un exercice, commençant et finissant avec l'année. Il est nécessaire qu'ils soient précédés d'une notice faisant connaître les dispositions principales des lois et des règlements en vigueur sur la matière.

CAISSES D'ÉPARGNE.

Les caisses d'épargne sont destinées à recevoir et à faire fructifier des sommes minimes (qui seraient probablement dissipées en dépenses inutiles ou même nuisibles), que le déposant retire, s'il en a besoin, et qui, dans le cas contraire, s'accumulant avec l'intérêt composé, finissent par créer des petits capitaux.

Cette institution, dont l'origine remonte à peine à quarante ans pour la France, à cinquante ans pour l'Angleterre et qui peut être considérée comme appartenant à notre siècle, puisqu'il n'avait existé antérieurement qu'un seul établissement analogue fondé à Berne en 1787, est répandue aujourd'hui dans presque tous les États de l'Europe et en Amérique. On sait qu'elle rend partout d'immenses services, non-seulement par ses effets purement économiques, mais encore pour l'heureuse influence qu'elle exerce en développant les idées d'ordre et de prévoyance au sein des classes populaires.

La notice à insérer en tête de la série de tableaux relatifs aux caisses d'épargne devra contenir tout ce qui est nécessaire pour en bien faire connaître l'organisation et indiquer, notamment, si leur création est soumise à l'autorisation du gouvernement ; — quel est leur mode d'administration, si l'autorité y participe, et dans quelles limites ; — quel est le régime de la fortune propre des caisses (fonds de dotation, fonds de réserve, etc.); — quels priviléges leur sont accordés ; — quel est le mode de placement des fonds déposés et spécialement s'ils sont versés au trésor public, à quelles conditions et, particulièrement, quel est le taux de l'intérêt alloué par l'État ; — quel intérêt est alloué aux déposants par les caisses, et quel prélèvement elles opèrent pour frais de gestion ; — quel est le maximum fixé pour les versements et pour les comptes.

De ce qui précède, on peut déduire les renseignements à insérer dans un certain nombre de tableaux statistiques relatifs aux caisses d'épargne; on y indiquerait d'abord, avec le nombre des caisses, ce qui concerne leur fortune propre, les recettes de toute nature destinées à pourvoir à leur service et leurs dépenses de gestion. (*Voir* le tableau A.)

On présenterait ensuite ce qui concerne les opérations des caisses à l'égard du public et, en premier lieu, le mouvement des comptes ouverts et fermés, les sommes reçues et remboursées, le solde dû aux déposants, le tout rapproché du chiffre de la population. (*Voir* le tableau B.)

Une classification des comptes suivant leur importance (voir le tableau C) peut donner d'utiles indications sur la formation, la destination et, jusqu'à un certain point, sur l'origine des capitaux déposés ; mais, en ce qui concerne cette origine, il est désirable et possible d'avoir des renseignements directs qui permettent d'apprécier jusqu'à quel point l'institution est utilisée par les classes auxquelles elle est particulièrement destinée. On donnera donc la division des déposants en grandes catégories de profession avec le montant des premiers versements. Ces catégories pourront, d'ailleurs, être sous-divisées suivant les circonstances locales.

SOCIÉTÉS DE SECOURS MUTUELS.

Ces sociétés ont, en général, pour objet d'assurer à ceux qui les composent, moyennant une légère cotisation payée périodiquement, des secours en cas de maladie et des funérailles convenables suivant leur état. Lorsqu'elles restent fidèles à l'esprit de leur institution, non-seulement elles diminuent les chances de souffrances ou de misère pour les classes nombreuses qui n'ont d'autres ressources que le produit de leur travail, mais encore elles ont, comme les caisses d'épargne, une influence moralisante qu'il est impossible de méconnaître. Cette influence résulte de la sévérité des conditions d'admission, de la surveillance mutuelle et des rapports de bienveillance réciproque qui s'établissent entre les sociétaires participants, et entre ceux-ci et les membres honoraires ou bienfaiteurs. Aucune institution ne se recommande donc davantage à la protection de l'autorité, à la sympathie des honnêtes gens, et c'est avec bonheur qu'ils en constateront les développements chez tous les peuples.

La notice devra donner les mêmes renseignements que pour les caisses d'épargne, à l'exception des deux derniers, qui ne peuvent s'appliquer aux sociétés de secours mutuels.

Les nombreuses questions qui se rattachent à ces intéressantes institutions exigent une série d'états qui permettent d'en apprécier comparativement la situation, la marche et les résultats. On doit commencer naturellement par les renseignements qui concernent le nombre des sociétés, leur composition et leurs différents objets (tableau A).

Ces renseignements seront complétés par l'indication du nombre des membres et du mouvement du personnel, en distinguant les sexes et la qualité de membres participants ou honoraires (tableau B).

Après l'objet et le personnel des sociétés, on constatera le taux des sacrifices qu'elles imposent à leurs membres et celui des secours qu'elles leur accordent (tableau C); et, pour qu'il soit possible d'apprécier complétement non-seulement les services qu'elles rendent, mais encore leur situation plus ou moins prospère et leur viabilité, on donnera un état détaillé de leurs recettes et de leurs dépenses (tableau D).

Ces quatre états suffisent pour faire connaître d'une manière complète la situation des sociétés de secours mutuels; mais il serait regrettable, au double point de vue de la science et de l'avenir des sociétés elles-mêmes, de ne pas utiliser les données qu'elles recueillent naturellement, et par la seule force des choses, pour la formation de tables de maladie et de mortalité spéciales aux populations qui les composent. C'est dans cette vue qu'a été préparé l'état E, qui clôt la série relative aux sociétés de secours mutuels.

CAISSES DE RETRAITE POUR LA VIEILLESSE.

Elles sont destinées à suppléer ou à compléter les sociétés de secours mutuels sur un point important.

Les sociétés sont généralement impuissantes à assurer à leurs membres une pension qui les mette à l'abri de la misère, lorsque la vieillesse vient leur enlever les ressources qu'ils trouvaient dans le travail. Il est cependant très-désirable, dans l'intérêt de l'État et de classes nombreuses dignes de sa plus grande sollicitude, que tous ceux qui vivent de salaires ou sont dans une position peu différente puissent, au moyen de faibles économies fécondées par l'intérêt composé et les résultats de la mortalité, s'assurer une pension suffisante pour protéger leurs vieux jours contre le dénûment, et obtenir ainsi un avantage analogue à celui qui est accordé aux employés ou agents de l'administration publique. Tel est l'objet des caisses de retraite dont il est ici question.

Le premier projet d'un établissement de rentes viagères au profit des ouvriers fut conçu en 1772, à Londres, par le mathématicien Mazères, qui appartenait à une famille d'origine française; mais c'est seulement en 1833 que cette idée fut mise en pratique par le gouvernement anglais.

La France et la Belgique ont établi, dans ces dernières années, une caisse de retraite pour la vieillesse, gérée sous la garantie de l'État. Celle de

France offre le moyen d'obtenir, par des versements de 5 francs au moins, à partir de l'âge de 3 ans, des rentes viagères sur le grand livre de la dette publique, jusqu'au maximum de 600 francs, pour en jouir à l'âge de 50 ans ou à un âge plus avancé, au choix du déposant. Le capital des sommes déposées peut être aliéné ou réservé.

Il serait également intéressant de connaître l'organisation et de suivre la marche des autres institutions publiques ou privées qui, sous une forme quelconque, se proposeraient le même but que les précédentes.

La notice, outre les renseignements demandés plus haut pour les caisses d'épargne, devra faire connaître la table de mortalité et le taux d'intérêt qui servent de base au calcul des pensions, — l'âge auquel on peut commencer les versements, — l'âge et les autres conditions pour l'admission à pension. On fournirait ensuite, sur la fortune propre des caisses de retraite et sur le mouvement de leur clientèle et de leurs opérations, divers renseignements qui formeraient la matière de plusieurs états statistiques. (*Voir* les tableaux.)

SOCIÉTÉS D'ASSURANCES.

Le contrat d'assurance est, sans contredit, une des plus utiles conceptions économiques des temps modernes. D'abord appliquées aux seuls risques de la navigation, les assurances se sont étendues, dans ces derniers temps, à un grand nombre d'autres, tels que ceux d'incendie, de grêle, de mortalité de bestiaux, d'accidents de voyage, etc. Des opérations semblables ou analogues, que l'on désigne sous le nom d'*assurances sur la vie*, ont pour base les chances de durée de la vie humaine. Les assurances de toute nature donnent lieu, dans tous les pays, à un nombre considérable d'affaires qui intéressent à un très-haut point la prospérité publique et privée.

La plupart de ces opérations sont faites par des sociétés qui se présentent sous deux formes bien distinctes, savoir : les compagnies à primes, qui prennent le risque à leur charge moyennant une somme déterminée, et les associations mutuelles, qui le mettent en commun entre un certain nombre de souscripteurs tout à la fois assureurs et assurés. Toutefois, parmi les premières, il en est qui font participer, dans une certaine proportion, leurs assurés aux bénéfices de leur entreprise, et qui constituent ainsi une classe mixte dont il est intéressant de connaître l'importance.

Deux modèles de cadres peuvent être employés pour constater uniformément la situation et le fonctionnement annuel de toutes les sociétés à primes d'une part et de toutes les sociétés mutuelles d'autre part, à l'exception, pourtant, des sociétés d'assurances sur la vie, dont les combinaisons, qui ne supposent pas toujours, comme les autres, un dommage à réparer, feront l'objet de deux tableaux spéciaux.

La première colonne du tableau général devant indiquer l'objet de l'assurance dont s'occupe chaque groupe de sociétés, lorsque certaines d'entre elles auront plusieurs objets, dont un principal et les autres tout à fait accessoires, il conviendra de les classer d'après l'objet principal et de mentionner cette circonstance dans la colonne d'observations. Si les différents objets sont à peu près d'égale importance, il est à désirer que l'on présente distinctement les renseignements afférents à chacun d'eux.

En ce qui concerne les assurances sur la vie, il est essentiel de distinguer les opérations en cas de vie de celles en cas de mort; ces dernières, qui peuvent procurer aux nombreux chefs de famille dont le travail est la seule ressource et dont la mort prématurée cause la ruine subite et profonde de tous les leurs un moyen d'en atténuer les funestes effets, méritent une attention particulière. On doit, dans l'intérêt de l'État et de l'humanité, souhaiter vivement qu'elles se vulgarisent et qu'elles soient pratiquées partou comme elles le sont dans un pays voisin. Des publications statistiques dressées d'une manière comparative peuvent contribuer à cet heureux résultat; mais, s'il n'était possible de l'obtenir dans d'autres pays qu'en procédant d'abord, et dans certaines limites, par voie gouvernementale, ainsi que l'Angleterre, la France et la Belgique l'ont fait pour les retraites d'ouvriers, rien ne serait plus légitime et mieux justifié que l'intervention de l'État à l'égard d'institutions d'une utilité évidente et de la plus haute moralité, puisqu'elles auraient pour objet d'encourager des actes si louables de prévoyance pour autrui et de dévouement à la famille.

La notice devra, en donnant un aperçu de la législation sur les assurances, indiquer notamment si les sociétés sont soumises à une autorisation; dans quelles formes et sous quelles conditions elle est donnée; si elles sont assujetties à une surveillance, et quel en est le mode.

On présenterait ensuite, en plusieurs tableaux, les renseignements statistiques, utiles et possibles à obtenir, sur la nature et la forme des sociétés d'assurances, leurs capitaux et le mouvement de leurs opérations, soit en ce qui les concerne, soit en ce qui concerne le public.

2° TABLEAUX.

CAISSES D'ÉPARGNE.

Tableau A (1).

1. Nombre des caisses existantes au 31 décembre 1854.
2.   —   ..— au 31 décembre 1855.
3. Capital appartenant en propre aux caisses au 31 décembre 1854.
4. Intérêt de ce capital. . . . . pendant l'année **1855.**
5. Dons et legs faits par les particuliers. . . . . . . *id.*
6. Subventions de l'État ou des autorités publiques.. . . *id.*
7. Prélèvements, sur les fonds des déposants, applicables
     aux besoins des caisses. . . . . *id.*
8. Dépenses de gestion. . . . . *id.*
9. Capital appartenant en propre aux caisses au 31 décembre 1855.

Tableau B.

1. Population du ressort dans lequel les caisses agissent.
2. Nombre des comptes existants au 31 décembre 1854.
3.   —   ouverts dans l'année 1855. . . { par versement.
4.   { par transfert.
5.   —   soldés dans l'année 1855.. . . { par remboursement.
6.   { par transfert.
7.   —   existants au 31 décembre 1855.
8. Solde dû aux déposants au 31 décembre 1854.
9. Montant des versements reçus dans l'année 1855.
10. Montant des intérêts acquis, pendant l'année, par le placement des fonds appartenant aux déposants.
11. Montant des remboursements effectués, pendant l'année, en capital et intérêts.
12. Solde dû aux déposants au 31 décembre 1855.

(1) Pour plus de clarté, on a cru devoir appliquer les états à un exercice déterminé, savoir: celui de l'année 1855.

Les chiffres placés à gauche indiquent l'ordre et le nombre des colonnes; mais il n'y a rien là d'absolu. Il suffira que les tableaux fournissent, autant que possible et dans un ordre convenable, les renseignements demandés.

Tableau C.

1.	Comptes, au 31 décembre 1855, de 500 fr. et au-dessous.	Nombre.
2.		Montant.
3.	— — — de 501 à 1,000 fr. .	Id.
4.		Id.
5.	— — — de 1,001 à 1,500 fr. .	Id.
6.		Id.
7.	— — — de 1,501 à 2,000 fr. .	Id.
8.		Id.
9.	— — — de 2,001 à 3,000 fr. .	Id.
10.		Id.
11.	— — — de 3,001 et au-dessus..	Id.
12.		Id.

Tableau D.

1.		agricoles.	Nombre. . . . . .
2.	Comptes ouverts par versements, dans l'an-		Montant du premier
3.	née 1855, à des ouvriers.		versement.
4.		industriels.	Id.
			Id.
5.		domestiques.	Id.
6.			Id.
7.		employés.	Id.
8.			Id.
9.		militaires et marins. .	Id.
10.			Id..
11.		professions diverses et	Id.
12.		sans profession. . .	Id.
13.		mineurs.	Id.
14.			Id.
15.		sociétés de secours mu-	Id.
16.		tuels ou institutions analogues.	Id.

SOCIÉTÉS DE SECOURS MUTUELS.

Tableau A.

1. Nombre de sociétés existantes au **31** décembre **1855**.
2.   —   — formées dans l'année.
3.   ⎧ par insolvabilité.
4.   —   — dissoutes. . . . . ⎨ par mesure de l'autorité.
5.   ⎩ par autres causes.
6.   —   — existantes au **31** décembre **1855**.
7.   —   — ayant des membres honoraires.
8.   —   — composées exclusivement d'hommes.
9.   —   —   — d'hommes et de femmes.
10.   —   —   — exclusivement de femmes.
11.   —   —   — d'individus appartenant à une seule profession.
12.   —   —   — accordant des secours seulement en cas de maladie, avec ou sans frais funéraires.
13.   —   —   — accordant des secours en cas de maladie et des pensions.
14.   —   — fondées uniquement pour un autre secours ou avantage. (Indiquer les principaux objets.)
15.   —   — acquittant les visites de médecins.
16.   —   —   — les frais pharmaceutiques.
17.   —   — accordant des secours en argent.

Tableau B.

1. Nombre des membres honoraires au **31** décembre **1854**.
2.   —   — actifs, hommes.
3.   —   —   — femmes.
4.   —   — honoraires entrés pendant l'année **1855**.
5.   —   — actifs (hommes) entrés pendant l'année **1855**.
6.   —   —   — (femmes)   —   —   —
7.   —   — honoraires sortis pendant l'année **1855**.
8.   —   — actifs (hommes) sortis pendant l'année **1855**.
9.   —   —   — (femmes)   —   —   —
10.   —   — honoraires au **31** décembre **1855**.
11.   —   — actifs (hommes) au **31** décembre **1855**.
12.   —   —   — (femmes)   —   —
13.   —   pensionnaires hommes.
14.   —   —   femmes.

Tableau C.

1.	(Maximum.
2. Droits d'admission dans les sociétés.	{ Moyenne.
3.	(Minimum.
4.	(Id.
5. Cotisation annuelle des membres honoraires. . . .	{ Id.
6.	(Id.
7.	(Id.
8. Cotisation annuelle des membres actifs, hommes. .	{ Id.
9.	(Id.
10.	(Id.
11. Cotisation annuelle des membres actifs, femmes. .	{ Id.
12.	(Id.
13.	(Id.
14. Journée de maladie payée aux malades..	{ Id.
15.	(Id.
16.	(Id.
17. Pension accordée aux vieillards infirmes.	{ Id.
18.	(Id.

Tableau D.

1. Montant des capitaux au 31 décembre 1854.
2. Subventions, dons et legs reçus pendant l'année 1855.
3. Cotisation des membres honoraires   —   —
4.   —   — actifs pendant l'année 1855.
5. Amendes pendant l'année 1855.
6. Droits d'entrée pendant l'année 1855.
7. Intérêts des capitaux placés pendant l'année 1855.
8. Total des recettes pendant l'année 1855.
9. Frais de gestion pendant l'année 1855.
10. Honoraires des médecins pendant l'année 1855.
11. Frais pharmaceutiques pendant l'année 1855.
12. Secours en argent pendant l'année 1855.
13. Frais funéraires pendant l'année 1855.
14. Secours aux veuves et aux orphelins pendant l'année 1855.
15. Pensions payées pendant l'année 1855.
16. Total des dépenses pendant l'année 1855.
17. Montant des capitaux au 31 décembre 1855.

Tableau E.

1. Périodes de cinq années d'âges, depuis seize ans jusqu'à quatre-vingts. (De seize
à vingt inclusivement, et ainsi de suite.)

2. Nombre de sociétaires appartenant à chaque période au **31 décembre 1854**.

3. Nombre de malades de chaque période qui ont été secourus pendant l'année **1855**.

4. Nombre correspondant de journées de maladie ayant donné lieu à des secours.

5. Nombre de décès par chaque période durant l'année **1855**.

CAISSES DE RETRAITE POUR LA VIEILLESSE.

Tableau A.

1. Nombre de caisses { fondées par l'autorité publique.
2. — par des établissements particuliers ou des associations spéciales.
3. Capital appartenant en propre aux caisses au **31 décembre 1854** (1).
4. Intérêts de ce capital dans l'année.
5. Dons et legs faits par les particuliers pendant l'année **1855**.
6. Subventions de l'État ou des autorités publiques.
7. Prélèvements sur les fonds des déposants applicables aux besoins des caisses.
8. Dépenses de gestion pendant l'année.
9. Capital appartenant en propre aux caisses au **31 décembre 1855**.

Tableau B.

1. Population de la circonscription dans laquelle elles sont aptes à opérer.
2. Nombre des comptes à capital aliéné ouverts au **31 décembre 1854**.
3.   —   —   —   dans l'année **1855**.
4.   —   —   — fermés   —   —
5.   —   —   existants au **31 décembre 1855**.
6.
7.
8. } Mêmes renseignements pour le nombre des comptes à capital réservé.
9.
10. } Nombre de comptes ouverts, par libéralité (2), pendant l'an- { à capital aliéné.
11. { née 1855. . . . . { à capital réservé.

(1) Par suite de décès, d'entrée en jouissance de pension, de déchéance des titulaires ou toute autre cause.

(2) Versements faits par des tiers donateurs.

12. Nombre de pensions acquises avec capital aliéné, en cours de service au 31 décembre 1854.

13.   —   —   — mises en service dans le cours de l'année.

14.   —   —   — éteintes dans l'année.

15.   —   —   — en cours de service au 31 décembre 1855.

16.
17.
18. } Mêmes renseignements pour le nombre des pensions acquises avec capital réservé.
19.

Tableau C.

1. Solde des versements reçus antérieurement au 31 décembre 1854 à capital aliéné.
2. Montant des versements reçus dans l'année 1855.
3. Montant des autres recettes opérées, dans l'année 1855, à capital aliéné.
4. Montant des payements de toutes sortes opérés, dans l'année 1855, à capital aliéné.
5. Solde des versements à capital aliéné au 31 décembre 1855.
6.
7.
8. } Mêmes renseignements pour les comptes à capital réservé.
9.
10.
11. Montant des pensions en cours de service, au 31 décembre 1854, à capital aliéné.
12.   —   — mises en service, dans l'année 1855, à capital aliéné.
13.   —   — éteintes, dans l'année 1855, à capital aliéné.
14.   —   — en cours de service au 31 décembre 1855.
15.
16.
17. } Mêmes renseignements pour les pensions acquises avec capital réservé.
18.

Tableau D.

Nombre de déposants admis dans l'année, classés suivant leur sexe et leur état civil.

1.   —   — à capital aliéné, hommes célibataires.
2.   —   —   —   — mariés.
3.   —   —   —   — veufs.
4.   —   —   —   — sans indication.
5.   —   —   — Femmes célibataires.
6.   —   —   —   — mariées.
7.   —   —   —   — veuves.
8.   —   —   —   — sans indication.

9.
10.
11.
12.
13.   } Mêmes renseignements pour les déposants à capital réservé.
14.
15.
16.

Tableau E.

Déposants admis dans l'année, classés suivant leur profession.

1. Nombre de déposants (hommes) à capital aliéné, ouvriers.
2.   —   —   —   domestiques.
3.   —   —   —   employés.
4.   —   —   —   militaires et marins.
5.   —   —   —   mineurs.
6.   —   —   —   professions diverses et sans professions.
7.
8.
9.
10.   } Mêmes renseignements pour les déposants à capital réservé.
11.
12.

Mêmes renseignements pour les femmes, sauf suppression de la catégorie des
militaires et marins (nos 13, 14, 15, 16, 17, 18, 19, 20, 21, 22 et 23).

Tableau F.

Déposants admis dans l'année, classés d'après leur âge.

1. Hommes au-dessous de 20 ans.
2.   —   de 20 à 29 ans.
3.   —   de 30 à 39 ans.
4.   —   de 40 à 49 ans.
5.   —   de 50 à 59 ans.
6.   —   de 60 ans et au-dessus.
7.
8.
9.
10.   } Mêmes renseignements pour les femmes.
11.
12.

Tableau G.

Pensions en service au 31 décembre 1855, classées d'après leur quotité.

Hommes

1. de   50 fr. et au-dessous.
2.   51 à   150 fr.
3.   151 à   300
4.   301 à   600
5.   601 à   900
6.   901 à 1,200
7.   1,201 et au-dessus.
8.
9.
10.
11. } Mêmes renseignements pour les femmes.
12.
13.
14.

Tableau H.

Pensions en service au 31 décembre 1855, classées suivant l'âge des pensionnaires au moment de l'entrée en jouissance, ainsi qu'il suit :

1. Hommes de moins de 50 ans.
2.   —   de 50 ans.
3.   —   de 51 ans.

Et ainsi de suite, en terminant par une colonne s'appliquant aux hommes de 65 ans et au-dessus.

Mêmes renseignements pour les femmes.

CAISSES D'ASSURANCES.

Tableau A.

Assurances à primes autres que celles sur la vie.

1. Objets de l'assurance.
2. Nombre des sociétés { avec participation des assurés aux bénéfices.
3. { sans participation.
4. Nature ou forme des sociétés.
5. Capital social, { partie versée.
6. { partie non versée.

7. Nombre { Assurances. / Réassurances à la charge de la société. / Réassurances à la décharge de la société. } des polices souscrites au 31 décembre 1854. . . . . { dans le pays.
8. { en pays étrangers.

9. — { Id. / Id. / Id. } des polices pendant l'année 1855. { id.
10. { id.

11. — { Id. / Id. / Id. } des polices éteintes dans l'année. . { id.
12. { id.

13. — { Id. / Id. / Id. } des polices restantes au 31 décembre 1855. . . . . { id.
14. { id.

15. — { Id. / Id. / Id. } des sinistres ou des faits donnant lieu à une indemnité, survenus dans l'année 1855. . . . . . . { id.
16. { id.

17. Montant { Id. / Id. / Id. } des valeurs assurées au 31 décembre 1854. . . . . { id.
18. { id.

19. — { Id. / Id. / Id. } des valeurs assurées pendant l'année 1855. . . . . { id.
20. { id.

21. — { Id. / Id. / Id. } des valeurs afférentes aux assurances éteintes. . . . . { id.
22. { id.

23. — { Id. / Id. / Id. } des valeurs restantes au 31 décembre 1855. . . . . { id.
24. { id.

25. — { Id. / Id. / Id. } des indemnités auxquelles ont donné lieu des sinistres ou autres faits pendant l'année 1855. . . . . . { id.
26. { id.

27. — { Assurances. / Réassurances à la charge de la société. } des primes reçues dans l'année 1855. { id.
28. { id.

29.
30. *Id.* payées pour réassurances à la décharge de la société en 1855. } *id.* *id.*

31. Frais d'administration de toute nature pendant l'année.

Tableau B.

Sociétés d'assurances mutuelles autres que celles sur la vie.

1. Objets de l'assurance.

2.
3. Nombre de sociétés { dont la circonscription comprend tout le pays.
   — ne comprend qu'une partie du pays.

4. Nombre des engagements { Assurances. Réassurances à la charge de la société. Réassurances à la décharge de la société. } existants au 31 décembre 1854.

5. — — { *Id.* *Id.* *Id.* } souscrits pendant l'année 1855.

6. — — { *Id.* *Id.* *Id.* } éteints pendant l'année 1855.

7. — — { *Id.* *Id.* *Id.* } restants au 31 décembre 1855.

8. Montant des valeurs.. . { *Id.* *Id.* *Id.* } assurées au 31 décembre.

9. Montant des valeurs affé-rentes aux polices. . { *Id.* *Id.* *Id.* } souscrites pendant l'année 1855.

10. Montant des valeurs affé-rentes aux polices. . { *Id.* *Id.* *Id.* } éteintes pendant l'année.

Montant des valeurs affé-rentes aux polices.. . { *Id.* *Id.* *Id.* } assurées au 31 décembre 1855.

11. Fonds de garantie au 31 décembre 1855.
    — réserve — —

12. Nombre des sinistres { Assurances. Réassurances à la charge de la société. Réassurances à la décharge de la société. } survenus pendant l'année.

13. Montant — { *Id.* *Id.* *Id.* } — —

14. { des frais d'administration pendant l'année 1855.

15. Montant.. { des indemnités { Assurances. Réassurances à la charge de la société. } pendant l'année 1855.

16. { des sommes payées pour réassurances à la décharge de la société.

17. { des autres charges sociales.

18. Montant, au 31 décembre 1855, des fonds employés à des moyens de préservation des valeurs assurées.

Tableau C.

Sociétés d'assurances sur la vie, à primes.

1.
2. Nombre des sociétés. { avec participation des assurés aux bénéfices. / sans cette participation.

3. Nature ou forme des sociétés.

4.
5. Capital social. : . . . { Partie versée. / Partie non versée.

6.
7. Nombre { en cas de vie } souscrites au { pour des capitaux. { dans le pays. / en pays étrangers.
8. des
9. polices { en cas de mort } 31 décembre 1854, { pour des rentes, { *id.* / *id.*

10.
11. Nombre { *id.* { souscrites pendant { *id.* { *id.* / *id.*
12. des
13. polices { *id.* } l'année 1855, { *id.* { *id.* / *id.*

14.
15. Nombre { *id.* } éteintes pendant { *id.* { *id.* / *id.*
16. des
17. polices { *id.* } l'année, { *id.* { *id.* / *id.*

18.
19. Nombre { *id.* } restantes au { *id.* { *id.* / *id.*
20. des
21. polices { *id.* { 31 décembre 1855, { *id.* { *id.* / *id.*

de
22.
à   } Mêmes renseignements pour le montant des polices.
38.

39.
40. Nombre des { en cas de vie { ayant donné lieu à un / payement de la part de { en capitaux, { dans le pays. / en pays étrangers.
41. polices { en cas de mort { la société pendant l'an- / née, { en rentes, { *id.* / *id.*
42.

43.
44. Nombre des { *id.* { reçues pendant l'année { *id.* { *id.* / *id.*
45. primes { *id.* { *id.* / *id.*
46.

47.
48. Montant des { *id.* { à la charge de la société { *id.* { *id.* / *id.*
49. payements. { *id.* } pendant l'année, { *id.* { *id.* / *id.*
50.

51. Frais d'administration de toute nature.

Tableau D.

Sociétés d'assurances mutuelles sur la vie (tontines).

1. Nombre des sociétés gérantes.
2. Capital social. { Partie versée.
3. { Partie non versée.
4. Cautionnement.
5. Nombre des associations {en cas de vie} {en cas de mort} gérées au 31 décembre 1854.

6. — — { *id.* } { *id.* } formées pendant l'année 1855.

7. — — { *id.* } { *id.* } mises en répartition pendant l'année.

8. — — { *id.* } { *id.* } existantes au 31 décembre 1855.

9. Nombre des engagements { *id.* } { *id.* } existants au 31 décembre 1854.

10. — — { *id.* } { *id.* } souscrits pendant l'année 1855.

11. — — { *id.* } { *id.* } mis en répartition pendant l'année.

12. — — { *id.* } { *id.* } existants au 31 décembre 1855.

13.
14. Montant des fonds des as- { *id.* } existants, au 31 dé- } en rentes sur l'État.
15. sociations . . . . { *id.* } cembre 1854 , en numéraire.
16. en toute autre valeur. Total.

17. Montant des fonds reçus { *id.* } } Versements. Revenus des associa-
18. dans l'année . . . . . { *id.* } tions.

19.
20. Montant des répartitions { *id.* } en rentes sur l'État. en numéraire.
21. opérées dans l'année. . { *id.* } en toute autre valeur.
22. Total.

23. *id.*
24. Montant des fonds des as- { *id.* } existants, au 31 dé- } *id.*
25. sociations . . . . { *id.* } cembre 1855, *id.*
26. *id.*

27. Nombre des sociétaires. . { *id.* } { *id.* } participant aux répartitions de l'année 1855.

28. Droits de gestion perçus { *id.* } { *id.* } en 1855.

29. Frais d'administration de toute nature.

6°.

STATISTIQUE DES ACCIDENTS.

1° NOTE.

I. ACCIDENTS DANS LES USINES ET MANUFACTURES QUI EMPLOIENT UN
MOTEUR GÉNÉRAL.

A une époque où l'industrie prend, dans tous les pays, d'immenses développements, où les usines et les manufactures s'élèvent de toutes parts sous l'influence de l'accroissement rapide de la richesse mobilière et surtout de la tendance des capitaux à s'associer, il est d'une grande importance de vérifier, par des statistiques périodiques, dans quelle mesure s'accroissent les accidents qui sont la conséquence inévitable de cette extension rapide et presque indéfinie du régime industriel.

Ces accidents figurent probablement pour une part considérable parmi les causes des décès dans les classes ouvrières, et les pertes que fait ainsi la population sont d'autant plus sensibles, qu'elles portent presque toujours sur des hommes dans la force de l'âge, unique ou principal appui d'une famille plus ou moins nombreuse.

Lors même que les accidents n'entraînent pas la mort, ils ont toujours pour résultat de provoquer une incapacité de travail accidentelle ou définitive. Dans le premier cas, les moyens d'existence de la famille reçoivent une atteinte plus ou moins considérable, plus ou moins prolongée; dans le second, elle tombe à la charge de la charité publique.

13

Signaler l'intensité du mal et, s'il y a lieu, sa marche ascendante, en faire connaître les causes principales, c'est appeler l'attention des maîtres sur les dangers spéciaux qu'offrent certaines parties du grand outillage industriel, et les exciter à les prévenir, autant que possible, par un redoublement de soins et de précautions; c'est faire un appel sérieux à la prudence, à la vigilance des ouvriers; enfin c'est éveiller la sollicitude des gouvernements et les inviter à intervenir, s'il y a lieu, par des mesures tutélaires. A ce titre, une bonne monographie statistique des accidents a un intérêt incontestable et surtout un intérêt actuel.

Les accidents dans les ateliers de l'industrie manufacturière s'expliquent facilement par la place considérable qu'occupe chaque engin ou machine, par le faible intervalle qui les sépare, par la force qui les fait agir, par la multiplicité, la complication des rouages, la vitesse des mouvements.

Il importe notamment de signaler les blessures occasionnées par les courroies de transmission des mouvements, au moment où, pour suspendre le travail, chaque ouvrier soustrait son métier à l'action du moteur général. Tous les métiers ne pouvant être arrêtés simultanément, la portion de force qui faisait marcher ceux qui l'ont été se reporte sur les autres et leur imprime, dans certains cas, une vitesse effrayante.

Cette cause d'accidents est une des plus fréquentes; mais elle n'est pas la seule. Il faut encore signaler, comme compromettant fréquemment la vie des ouvriers, des couloirs trop étroits entre les machines, l'absence de grillages ou tambours autour de celles de ces machines qui, dans leur rapide rotation, peuvent saisir et attirer les vêtements; les explosions de chaudières, les imprudences ou la négligence des travailleurs, surtout des enfants. Il est certain que le plus grand nombre de ces chances d'accidents pourrait être conjuré par un ensemble de précautions habilement conçues, par des règlements sévères affichés dans l'usine ou la manufacture, mais surtout par une inspection efficace des établissements industriels, telle qu'elle se pratique en Angleterre (où un bill récent vient d'en accroître l'efficacité, en étendant les pouvoirs des inspecteurs), et telle que la voulaient, en France, les auteurs de la loi du **22 mars 1841**.

II. ACCIDENTS 1° SUR LES ATELIERS DES GRANDS TRAVAUX DE L'ÉTAT, DES COMMUNES, DES PARTICULIERS ; 2° SUR LES VOIES DE COMMUNICATION AUTRES QUE LES CHEMINS DE FER.

Les causes de ces accidents ne sont pas très-nombreuses; il serait relativement facile de les énumérer. En ce qui concerne ceux dont les grands chantiers sont le théâtre (chantiers de construction d'édifices, de routes, de chemins de fer, de canaux), ils sont dus le plus souvent à des chutes d'ouvriers d'un lieu élevé, à des éboulements, à des chutes de matériaux d'une hauteur plus ou moins considérable par suite de la rupture des poulies d'enlèvement ou de toute autre matière.

Sur les cours d'eau, les accidents les plus fréquents ont pour causes les explosions de chaudières sur les bateaux à vapeur, les rencontres des bâtiments allant à grande vitesse dans un sens contraire, les ruptures de ponts, les imprudences des baigneurs, etc.

Les tableaux des accidents, dans les deux grandes catégories qui précèdent, devraient, autant que possible, contenir les renseignements suivants :

1° Nombre total des accidents classés selon qu'ils sont dus à un cas de force majeure ou à l'imprudence des victimes. Une colonne serait réservée à ceux qui, faute de renseignements exacts, ne pourraient être portés avec certitude dans les deux précédentes.

2° Nombre des victimes réparties par âge et par sexe ;

3° Nombre des accidents ayant occasionné :

a, La mort ;

b, La perte d'un ou plusieurs membres ;

c, D'autres blessures et lésions graves.

III. ACCIDENTS DANS LES MINES.

En France, l'État n'exploite ni les mines ni les chemins de fer; mais il exerce, sur ces deux natures d'exploitations, par les deux corps d'ingénieurs que l'Europe nous envie à tant de titres, une surveillance de tous les jours et de tous les instants; de là résulte qu'en fait de mines et de chemins de fer il n'y a, pour ainsi dire, pas un seul accident qui échappe à la vigilance de l'autorité.

En ce qui concerne les accidents de mines, l'administration française réunit, depuis déjà plusieurs années, tous les renseignements nécessaires pour en dresser la statistique annuelle, et on a pu lire, dans le compte rendu publié tout récemment par le ministère des travaux publics, un tableau statistique détaillé des accidents arrivés dans le cours de l'année 1850, et le résumé comparatif de ces accidents avec ceux de deux autres années, l'année 1842 et l'année 1844.

En Belgique, le gouvernement, dans le compte qu'il rend, chaque année, de la situation de l'industrie minérale, donne une statistique individuelle des accidents qui arrivent principalement dans les mines de houille, et, si l'on peut trouver qu'une statistique aussi détaillée ne serait pas applicable à des pays plus étendus que la Belgique et à chaque nature d'exploitation minérale, on ne peut s'empêcher de reconnaître qu'on y puise des renseignements d'un véritable intérêt.

En Angleterre, ce pays d'extrême liberté, où l'industrie surtout a ses coudées entièrement franches, pendant longtemps le gouvernement n'a porté que peu d'attention sur les faits douloureux dont les exploitations de mines étaient trop souvent le théâtre ; mais enfin ces faits devinrent si nombreux, ils excitèrent, par cette fréquence même et par leur gravité tout à la fois, l'émotion publique à un tel point, que le gouvernement ne put se dispenser d'intervenir, et que plusieurs actes du parlement ont posé en principe la création d'un certain nombre d'inspecteurs dont la mission spéciale est de surveiller la manière dont se fait l'exploitation des mines de houille, de constater les accidents qui y arrivent, d'en rechercher les causes, etc. Ces inspecteurs, on n'a pas besoin de le faire remarquer, sont, à peu de chose près, sous un autre nom, ce que sont nos ingénieurs des mines en France, et si on se rappelle en même temps que, depuis déjà plusieurs années, des créations analogues ont été fondées en Angleterre pour la surveillance des chemins de fer et des bateaux à vapeur, l'administration française peut, ce semble, se glorifier de voir la force des choses et la nécessité faire établir, dans cette contrée, que, naguère encore, tant de personnes nous présentaient comme un modèle à imiter, des institutions qui sont les siennes et qui ont été quelquefois, en France même, l'objet d'attaques si peu méritées !

Ce n'est pas à dire assurément que l'on doive se flatter que la surveillance d'ingénieurs ou d'inspecteurs de mines puisse prévenir tous les accidents ; les travaux des mines sont essentiellement dangereux par leur nature même ; et souvent, malgré les précautions les plus minutieuses, il survient des accidents qui occasionnent la mort ou des blessures graves. Ainsi, dans les mines de houille et quelquefois dans les veines les mieux réglées et les plus pures, se rencontrent de petits lits intercalés de matière étrangère que l'œil le plus exercé ne peut apercevoir. Il en résulte une solution de continuité qui tout à coup amène une séparation brusque entre les diverses parties de la roche ; de là des éboulements qui entraînent trop fréquemment des accidents mortels. Ailleurs, des amas d'eau accumulés dans de vieux travaux, des amas de gaz inflammable trouvent tout à coup, par un coup de sonde, une issue qui leur permet de faire irruption dans les chantiers ; de là ces inondations, ces asphyxies, ces brûlures dont les conséquences sont souvent si graves pour les travailleurs.

Mais si, pour conjurer les dangers que nous venons d'indiquer, l'intervention des ingénieurs est souvent impuissante, il n'en est pas moins certain que leur action en atténue singulièrement la gravité, et que les exploitants, convaincus que les conséquences de leur imprévoyance ne peuvent échapper à l'œil vigilant de l'ingénieur, ne se départiront que rarement dès précautions que l'art indique pour prévenir, autant que possible, les accidents.

On aperçoit de suite, dans cette mission protectrice confiée, en France, aux ingénieurs et dans cette obligation qui leur est imposée de se transporter sur le lieu de chaque sinistre, la base de la meilleure statistique possible des accidents en matière d'exploitations minérales, et on peut dire, sans hésiter, que celle que l'administration des mines est en mesure de publier chaque année, d'après les documents qui lui sont fournis par ces ingénieurs, peut être adoptée, dans ses principaux éléments, comme modèle pour la statistique internationale.

Cette statistique, qui se résume aisément sous forme de tableau, donne les indications suivantes :

La nature de la mine, de la minière, de la carrière,

Le nombre des ouvriers employés à l'intérieur,

Le nombre à l'extérieur,

En distinguant, dans l'un et l'autre cas, les hommes et les femmes ;

Le nombre des accidents, en distinguant les cas de mort des blessures, et en ne mentionnant que les blessures graves, telles que perte de membres, fracture, luxation, écrasement, etc.

Les accidents se divisent, d'ailleurs, en diverses classes, suivant leur nature :

Les éboulements,

Les explosions de gaz hydrogène carboné,

Les coups de mines,

Les asphyxies,

Les inondations,

Les ruptures d'engins, de câbles, et les chutes de tonneaux dans les puits, etc.,

Les chutes d'ouvriers dans les puits.

On indiquerait, en outre, le nombre de journées de chômage occasionnées par les blessures :

Pour l'ensemble des ouvriers blessés,

En moyenne pour chaque ouvrier.

On ferait également connaître, autant que possible, les accidents de mort ou de blessures arrivés par l'imprudence des victimes ou par des causes indépendantes de leur volonté.

Enfin le tableau se terminerait par trois colonnes indiquant,

L'une, le rapport du nombre des ouvriers tués au nombre des ouvriers employés,

L'autre, le rapport du nombre des ouvriers blessés au nombre total des ouvriers,

Et, la troisième, le rapport à ce dernier nombre du total général des ouvriers tués et blessés.

IV. Accidents sur les chemins de fer.

A l'égard des chemins de fer, l'administration française est moins avancée, quant à la statistique des accidents, qu'elle ne l'est pour les exploitations minérales, par la raison bien simple que les chemins de fer, surtout les chemins de grande direction, ne sont livrés, en France, à la circulation que depuis un petit nombre d'années. On en est donc encore aux tâtonnements quant à la meilleure forme de tableau à adopter pour les accidents de chemins de fer. On peut dire, d'ailleurs, que les formules en usage en Angleterre et en Allemagne ne sont pas, non plus, complétement satisfaisantes.

Il y a néanmoins, dans toutes, un élément commun qui paraît devoir être conservé; c'est celui qui consiste à diviser les personnes victimes des accidents

En voyageurs proprement dits,

En employés des compagnies,

En personnes autres que celles des deux premières catégories.

Les tableaux anglais présentent, en outre, la division suivante :

Personnes tuées ou blessées par le fait de l'exploitation,

Personnes tuées ou blessées par leur propre faute.

Il est certain que, pour faire cette distinction, il faut se livrer à des appréciations qui seront souvent très-difficiles. On en sera réduit, le plus souvent, à des conjectures, à des présomptions; or la statistique n'est pas une science de conjectures et de présomptions, mais une science de faits. Il pourrait donc paraître convenable d'écarter les divisions ci-dessus. Néanmoins, comme elles figurent dans plusieurs des documents statistiques publiés, soit en Angleterre, soit en Allemagne, soit même en France, sur les accidents de chemins de fer; comme, d'ailleurs, en supposant qu'il fût possible de constater, dans chaque cas particulier, si l'accident est arrivé du fait de la victime ou du fait de l'exploitation, il serait évidemment utile d'en tenir compte, il peut y avoir des avantages à maintenir, dans le programme, des colonnes destinées à recevoir la distinction dont il s'agit.

Dans quelques-unes des statistiques publiées jusqu'ici, on a cru devoir distinguer les accidents suivant les causes qui les ont fait naître; il ne paraît pas utile de conserver cette distinction. Le plus souvent, en effet, la cause de l'accident reste inconnue, et les investigations les plus longues et les plus minutieuses de la justice sont quelquefois impuissantes à la découvrir. Un déraillement a lieu; ce déraillement est accompagné d'une rupture de rails. Il sera presque toujours impossible de dire si le déraillement a précédé la rupture de rails ou s'il n'en a été que la conséquence. Une seule chose est certaine, c'est qu'il y a eu déraillement, et que ce déraillement a occasionné tel ou tel accident.

Ce qu'il faut donc indiquer, c'est la nature des accidents, en les divisant en un certain nombre de catégories simples, intelligibles pour tous, faciles à constater. La division suivante a été arrêtée conformément à cette pensée :

Déraillements,

Collisions de trains ou de machines isolées soit contre d'autres trains ou machines, soit contre des obstacles sur la voie,

Explosions de chaudières,

Rupture de matériel, ou renversement de machines ou voitures,

Incendies,

Personnes heurtées par des machines ou des voitures,

Chute sur la voie,

Accidents divers.

Quant aux effets des accidents, on les distinguerait naturellement en accidents ayant occasionné *a*) La mort,

b) La perte d'un ou plusieurs membres,

c) D'autres blessures et lésions graves.

En résumé, le tableau des renseignements relatifs aux accidents de chemins de fer indiquerait

Le nom du chemin,

La longueur exploitée,

Le nombre total des trains,

Le nombre de kilomètres parcourus,

Le nombre de voyageurs transportés,

Le nombre des accidents ayant occasionné { mort d'hommes, blessures graves,

Le nombre de personnes tuées ou blessées par les accidents, suivant la nature de ces accidents, et en distinguant également, pour chaque cas de mort ou de blessures,

Les voyageurs proprement dits,

Les agents et employés des compagnies,

Toutes autres personnes,

Le nombre de personnes tuées ou blessées par le fait de l'exploitation, par leur propre faute.

Enfin le tableau se terminerait par des colonnes indiquant le rapport du nombre total des tués et blessés

Au nombre total des voyageurs transportés,

Au nombre total de kilomètres parcourus.

Ainsi composé, le tableau serait simple ; il ne présenterait que des résultats faciles à saisir, et il est, d'ailleurs, permis d'espérer qu'il serait aisément rempli dans tous les pays où s'exploitent des chemins de fer.

2° TABLEAUX

I. ACCIDENTS DE MINES, MINIÈRES, CARRIÈRES, etc

1. Nature de la mine, minière, carrière, tourbière.
2. Nombre des ouvriers employés :
3. | à l'intérieur.. . . . . . | Hommes.
4. | | Femmes.
5. | à l'extérieur.. . . . . . | Hommes.
6. | | Femmes.
7. Nombre total des ouvriers employés.
8. Nombre total des accidents.

Nombre des ouvriers tués :

9. | par éboulements. . . . | Hommes.
10. | | Femmes.
11. | par explosions de gaz hydro- | Hommes.
12. | gène carboné. . . . . | Femmes.
13. | par coups de mines. . . | Hommes.
14. | | Femmes.
15. | par asphyxies. . . . . | Hommes.
16. | | Femmes.
17. | par inondations. . . . | Hommes
18. | | Femmes
19. | par rupture de machines, en- | Hommes.
20. | gins, câbles, chaînes, et par chute de bennes. . . . | Femmes.
21. | par chute dans les puits. . | Hommes.
22. | | Femmes.
23. | Nombre total d'ouvriers tués. | Hommes.
24. | | Femmes.

Nombre des ouvriers blessés.

25. 26.	par éboulements.	Hommes. Femmes.
27. 28.	par explosions de gaz hydrogène carboné.	Hommes. Femmes.
29. 30.	par coups de mines. . . .	Hommes. Femmes.
31. 32.	par asphyxies.	Hommes. Femmes.
33. 34.	par inondations.	Hommes. Femmes.
35. 36.	par rupture de machines, engins, câbles, chaînes, et par chute de bennes. . . .	Hommes. Femmes.
37. 38.	par chute dans les puits. .	Hommes. Femmes.
39. 40.	Nombre total d'ouvriers blessé	Hommes. Femmes.

41. Total général des ouvriers tués et blessés.

42. 43.	Nombre des ouvriers tués. .	par imprudence. par des causes indépendantes de leur volonté.
44. 45.	Nombre des ouvriers blessés.	par imprudence. par des causes indépendantes de leur volonté.
46. 47.	Nombre de journées de chômage occasionnées par la blessure.	pour l'ensemble des ouvriers blessés. en moyenne pour chaque ouvrier.

48. Rapport du nombre des ouvriers tués au nombre des ouvriers employés.

49. Rapport du nombre des ouvriers blessés au nombre des ouvriers employés.

50. Rapport général du nombre des ouvriers tués et blessés au nombre des ouvriers employés.

II. ACCIDENTS SUR LES CHEMINS DE FER.

1. Noms des chemins.
2. Longueur exploitée.
3. Nombre de trains.
4. Nombre de kilomètres parcourus.
5. Nombre de voyageurs transportés.
6. | Nombre des accidents | ayant occasionné mort d'homme.
7. | | — de simples blessures.
8. Nombre total des accidents.

Nombre de personnes tuées :

9.		Voyageurs.
10.	par déraillement.	Employés des compagnies.
11.		Autres personnes.
12.	par collisions de trains ou machines isolées,	Voyageurs.
13.	soit contre d'autres trains en marche, soit	Employés des compagnies.
14.	contre des obstacles sur la voie. . . .	Autres personnes.
15.		Voyageurs.
16.	par explosions de chaudières.	Employés des compagnies.
17.		Autres personnes.
18.	par ruptures d'essieux, de roues, renverse-	Voyageurs.
19.	ment de machines ou voitures.	Employés des compagnies.
20.		Autres personnes.
21.		Voyageurs.
22.	par incendies.	Employés de la compagnie.
23.		Autres personnes.
24.		Voyageurs.
25.	par chocs de locomotives ou voitures. . .	Employés des compagnies.
26.		Autres personnes.
27.		Voyageurs.
28.	par chutes sur la voie.	Employés des compagnies.
29.		Autres personnes.
30.		Voyageurs.
31.	par accidents divers.	Employés des compagnies.
32.		Autres personnes.

Nombre de personnes blessées :

33.		Voyageurs.
34.	par déraillement.	Employés des compagnies.
35.		Autres personnes.
36.	par collisions de trains ou machines isolées,	Voyageurs.
37.	soit contre d'autres trains en marche, soit	Employés des compagnies.
38.	contre des obstacles.	Autres personnes.
39.		Voyageurs.
40.	par explosions de chaudières.	Employés des compagnies.
41.		Autres personnes.
42.		Voyageurs.
43.	par ruptures d'essieux, de roues, renverse- ment de machines ou voitures.	Employés des compagnies.
44.		Autres personnes.
45.		Voyageurs.
46.	par incendies.	Employés des compagnies.
47.		Autres personnes.
48.		Voyageurs.
49.	par chocs de locomotives ou voitures, etc.	Employés des compagnies.
50.		Autres personnes.
51.		Voyageurs.
52.	par chutes sur la voie.	Employés des compagnies.
53.		Autres personnes.
54.		Voyageurs.
55.	Nombre total de personnes tuées ou blessées.	Employés des compagnies.
56.		Autres personnes.

Nombre de personnes tuées :

57.		Voyageurs.
58.	par le fait de l'exploitation.	Employés des compagnies.
59.		Autres personnes.
60.		Voyageurs.
61.	par leur faute.	Employés des compagnies.
62.		Autres personnes.

Nombre de personnes blessées :

63.		Voyageurs.
64.	par le fait de l'exploitation.	Employés des compagnies.
65.		Autres personnes.
66.		Voyageurs.
67.	par leur faute.	Employés des compagnies.
68.		Autres personnes.

Nombre total de personnes tuées ou blessées :

69.		Voyageurs.
70.	par le fait de l'exploitation.	Employés des compagnies.
71.		Autres personnes.

<table>
<tr><td>72.</td><td rowspan="3">par leur faute. . . . .</td><td>Voyageurs.</td></tr>
<tr><td>73.</td><td>Employés des compagnies.</td></tr>
<tr><td>74.</td><td>Autres personnes.</td></tr>
</table>

Rapport des voyageurs tués ou blessés au parcours kilométrique des trains et au nombre total de voyageurs.

<table>
<tr><td>75.</td><td rowspan="2">Rapport des voyageurs tués. . . . . .</td><td>au parcours des trains.</td><td>1 sur</td></tr>
<tr><td>76.</td><td>au nombre total de voyageurs.</td><td>1 sur</td></tr>
<tr><td>77.</td><td rowspan="2">Rapport des voyageurs blessés. . . .</td><td>au parcours des trains.</td><td>1 sur</td></tr>
<tr><td>78.</td><td>au nombre total de voyageurs.</td><td>1 sur</td></tr>
<tr><td>79.</td><td rowspan="2">Rapport des voyageurs tués ou blessés. . .</td><td>au parcours des trains.</td><td>1 sur</td></tr>
<tr><td>80.</td><td>au nombre total de voyageurs.</td><td>1 sur</td></tr>
</table>

7°.

STATISTIQUE

DE L'ALIÉNATION MENTALE.

L'aliénation mentale fait-elle, comme l'assurent plusieurs observateurs, des progrès rapides? Serait-il vrai que nos bouleversements politiques, en quelque sorte périodiques, que nos crises industrielles, que nos jeux de bourse, que l'agitation fiévreuse produite par le déchaînement de l'esprit de spéculation, que cette course haletante après la fortune qui caractérise particulièrement la génération actuelle; serait-il vrai, disons-nous, que ces diverses circonstances exercent sur notre intelligence une profonde et croissante perturbation? Certes, la question vaut la peine d'être examinée. Ce serait une ombre sinistre, en effet, au tableau si brillant des conquêtes actuelles de l'esprit humain dans la voie des intérêts matériels, que ce développement rapide, s'il était constaté, de la plus terrible des maladies.....

Cette question, la statistique peut seule la résoudre; elle seule peut nous apprendre si le rapport des aliénés à la population tend à s'élever; si, en supposant ce rapport stationnaire, la nature, le caractère, l'intensité de cette cruelle affection subissent des modifications dans un sens quelconque; enfin si, grâce aux progrès des méthodes curatives, la société, la famille voient rentrer, chaque année, dans leur sein, un plus grand nombre que par le passé de ces tristes exilés de la raison humaine.

La situation de l'aliénation mentale peut être constatée par deux opérations distinctes : 1° par les dénombrements périodiques dont la population est l'objet dans presque tous les États ; 2° par les comptes rendus annuels des établissements publics ou privés consacrés à sa guérison.

Les deux méthodes doivent être employées simultanément, car elles ont toutes deux leurs avantages. Le dénombrement, en effet, en le supposant exact, fait connaître le nombre total des aliénés traités tant à domicile que dans les établissements spéciaux. Les comptes rendus de ces établissements, s'ils ne donnent la situation que d'une partie de l'aliénation, en font connaître le mouvement annuel, et fournissent, sur ce mouvement, des renseignements nombreux et variés qu'il n'est pas possible de recueillir dans le cours d'un dénombrement.

Le programme des questions doit donc varier selon que l'on emploie l'un ou l'autre des deux modes d'observation.

I. QUESTIONS A FORMULER DANS LE DÉNOMBREMENT.

Les aliénés doivent d'abord être classés en deux grandes catégories comprenant, l'une, les aliénés traités dans les établissements spéciaux ; l'autre, les aliénés traités à domicile.

Voici le minimum de questions à poser pour les aliénés des deux catégories :

A. *Aliénés proprement dits.*

Nombre.

Sexe.

Age. (Mêmes catégories que pour les aliénés des établissements spéciaux.) — Voir ci-après.

Profession. (*Idem.*)

Causes présumées de l'aliénation. (*Idem.*)

Degré d'instruction avant la maladie. (*Idem.*)

B. *Idiots ou crétins.*

Nombre.

Sexe.

Age. (Même cadre que pour les aliénés.)

Nombre des cas dans lesquels l'idiotisme était et n'était pas congénital. (En cas de non-congénitalité, savoir à quel âge s'est déclarée la maladie, et quelles circonstances générales ou locales ont pu la déterminer ou favoriser son développement.

Situation topographique des lieux où l'idiotisme prédomine (plaines, vallées, montagnes).

Profession et degré d'aisance des parents.

C. *Démence sénile.*

Sexe.
Âge.
Profession.

II. QUESTIONNAIRE DE L'ALIÉNATION TRAITÉE DANS LES ÉTABLISSEMENTS SPÉCIAUX.

A. *Renseignements administratifs.*

Nombre des établissements
{ publics (aux frais de l'État, des provinces, des communes, etc.).
{ privés.

Analyse de la législation qui régit les deux catégories d'établissements, principalement au point de vue 1° de la sécurité publique, 2° de la liberté individuelle.

B. *Mouvement* (entrées et sorties).

Nombre, par sexe (pour les dix dernières années), d'aliénés restant dans les établissements au 31 décembre de chaque année.

Nombre des admis dans chaque année
{ pour la première fois (par sexe).
{ pour cause de rechutes (*id.*).

(Indiquer le nombre des rechutes pour chaque sexe, selon qu'elles ont lieu dans la 1re, la 2e, la 3e (et ainsi de suite jusqu'à la 15e) année de la guérison).

Nombre, dans chaque année,

1° Des sorties
{ pour guérison (par sexe).
{ pour toute autre cause (*id.*).

2° Des décès
{ par une cause naturelle (*id.*).
{ par accident (*id.*).
{ par suicide (*id.*).

Nombre total des journées de présence dans l'année (*id.*).

Sur la totalité des aliénés traités dans chaque année, combien étaient réputés
{ curables (*id.*).
{ incurables (*id.*).

C. *Renseignements divers sur les admis de chaque année.*

1. AGES AU MOMENT DE L'ADMISSION.

La classification par âge peut être établie ainsi qu'il suit :

De 0 à 15 ans; — de 15 à 20; — de cinq en cinq ans jusqu'à 40; — de dix en dix ans jusqu'à 100 ans.

Pour chaque catégorie d'âge, le nombre des aliénés devra être donné par sexe et pour chaque sexe par état civil (célibataire, marié, veuf).

2. PROFESSIONS (par sexe).

1° Professions libérales :
  Ecclésiastiques (religieux et religieuses).
  Juristes (juges, avocats, notaires, avoués, huissiers, etc.).
  Médecins, chirurgiens, pharmaciens et sages-femmes.
  Professeurs et hommes de lettres.
  Fonctionnaires publics.
  Employés.
  Artistes (peintres, sculpteurs, architectes, graveurs, musiciens, etc.).
2° Militaires et marins.
3° Rentiers et propriétaires (vivant de leurs revenus).
4° Professions industrielles et commerciales :
  Manufacturiers et fabricants.
  Négociants et commerçants en gros.
  Marchands au détail.
5° Professions manuelles ou mécaniques :
  Ouvriers mineurs.
  —   en métaux.
  —   en bois.
  —   en filature et tissage.
  —   en bâtiments.
  —   en cuirs et peaux.
  —   en teinture.
  —   en objets d'habillement, de coiffure et de chaussure.
  —   industriels autres que les précédents.
6° Professions agricoles :
  Propriétaires-cultivateurs.
  Ouvriers agricoles (journaliers, valets de ferme, bergers, bûcherons).
7° Gens à gages (domestiques, commissionnaires, journaliers).
8° Autres professions.
9° Sans profession.
10° Professions inconnues.

3. CAUSES PRÉSUMÉES DE L'ALIÉNATION (*par sexe*).

1° *Physiques.*
  Hérédité.
  Effets de l'âge (démence sénile).
  Excès du travail { intellectuel. / manuel.
  Irritabilité habituelle.
  Dénûment et misère.
  Onanisme.
  Abus vénériens.
  Excès alcooliques.
  Maladies syphilitiques.

Maladies de la peau.
Épilepsie, convulsions.
Émotions violentes, saisissements, frayeurs.
Fièvres.
Formation lente et difficile (chez les jeunes filles).
Suppression accidentelle ou définitive des menstrues.
Suites de couches.
Coups et blessures.
Commotions cérébrales, etc.
Hydrocéphalite.
Céphalalgie.
Congestion cérébrale.
Apoplexie, paralysie (suites de).
Autres causes physiques.

2° *Morales*.

Chagrin résultant { de la perte de la fortune. / de la perte d'une personne chère. / de l'ambition déçue.

Amour.
Jalousie.
Orgueil.
Événements politiques.
Passage subit d'une vie active à une vie inactive ou *vice versâ*.
Isolement et solitude.

Emprisonnement { simple. / cellulaire.

Nostalgie.
Sentiments religieux poussés à l'excès.
Contact et fréquentation assidue d'aliénés.
Autres causes morales.

3° *Causes inconnues*.

4. MOIS DES ADMISSIONS.

Indiquer, pour chaque mois, le nombre des admissions par sexe.

5. NOMBRE PAR SEXE DES ALIÉNÉS ORIGINAIRES { DES VILLES (1). / DES CAMPAGNES.

6. CIRCONSTANCES AGGRAVATIVES DE LA MALADIE.

Nombre par sexe d'aliénés atteints { de paralysie. / d'épilepsie.

7. DURÉE DU TRAITEMENT 1° DES ALIÉNÉS GUÉRIS, 2° DES ALIÉNÉS DÉCÉDÉS
(*par sexe*).

On peut établir, pour chacune de ces deux catégories, les divisions suivantes : **1** mois

(1) Considérer comme ville toute localité ayant au moins 2,000 habitants agglomérés.

et au-dessous, — de 1 à 2 mois, — de 2 à 3 mois, — de 3 à 4 mois, — de 4 à 6 mois, — de 6 à 9 mois, — de 9 à 12 mois, — de 1 à 2 ans, — de 2 à 5 ans, — de 5 ans et au-dessus.

8. GUÉRISONS ET DÉCÈS PAR MOIS.

Donner, pour chaque sexe, le nombre, par mois, des guérisons et des décès.

9. AGE, PAR SEXE, DES ALIÉNÉS GUÉRIS ET DÉCÉDÉS, DANS LE MOIS DE LA GUÉRISON ET DU DÉCÈS.

On peut adopter la classification indiquée pour les âges au moment de l'admission.

10. GUÉRISONS ET DÉCÈS, PAR SEXE, D'APRÈS LES PROFESSIONS.

Reproduire la classification adoptée pour les admissions.

11. MÉTHODES CURATIVES.

Décrire la méthode curative employée dans chaque établissement.

12. OCCUPATIONS DES ALIÉNÉS.

Indiquer les principaux travaux auxquels sont occupés les aliénés divisés par sexe.

D. *Renseignements divers sur les crétins ou idiots.*

1. Nombre par sexe restant, au 31 décembre, pour la même période que ci-dessus.
2. Nombre des admis chaque année par sexe et par âge (mêmes divisions que pour les aliénés).
3. Nombre, par sexe, des cas { congénitaux. / non congénitaux.
4. Nombre, par sexe, des crétins ou idiots originaires { des villes. / des campagnes.

    (Ajouter des renseignements sur les conditions topographiques et autres des localités auxquelles appartient le plus grand nombre de crétins et idiots).
5. Profession et (autant que possible) degré d'aisance des parents.
6. Nombre, par sexe, des crétins ou idiots sortis dans l'année { pour guérison. / pour toute autre cause.
7. Nombre, par sexe, des crétins ou idiots décédés dans l'année { pour une cause naturelle. / par accidents.
8. Indiquer les principales méthodes curatives.
9. Indiquer les travaux auxquels sont employés les crétins ou idiots de chaque sexe.

8°.

STATISTIQUE DES ÉPIDÉMIES.

L'Europe étant, depuis quelques années, ravagée, à de courts intervalles, par des épidémies meurtrières contre lesquelles l'art de guérir paraît impuissant, il importe d'en faire, conformément à un programme uniforme, une étude spéciale et approfondie. Cette étude sera peut-être l'un des moyens les plus sûrs d'arriver à une médication efficace.

Elle pourrait porter sur les faits suivants :

1. Date de l'invasion bien caractérisée de l'épidémie.

2. Mois de son apogée.

3. Date de son entière disparition.

4. Symptômes généraux de la maladie dans ses diverses phases.

5. Nombre d'individus atteints, par sexe, âge, profession et nationalité.

6. Nombre 1° des décès, 2° des guérisons.

7. Rapport des décès et guérisons aux cas constatés 1° à domicile, 2° aux hôpitaux.

8. Rapport du nombre des décès par âge, pour chaque sexe, à la population par sexe aux mêmes âges.

9. Durée moyenne de la maladie, par sexe et par âge, séparément, dans les hôpitaux et à domicile, selon qu'elle s'est terminée 1° par guérison, 2° par décès.

10. Description du traitement le plus généralement suivi dans chaque hôpital et indication de ses effets au point de vue des guérisons et des décès,

en limitant cette comparaison, autant que possible, à des malades du même âge, du même sexe et de professions analogues.

11. Description des lieux envahis, en distinguant 1° les petites villes (depuis 2,000 habitants agglomérés) des grandes; 2° les villes des campagnes; 3° en faisant connaître leur orientation, leur situation dans une plaine, dans une vallée, sur une hauteur, en amphithéâtre; leur voisinage d'un cours d'eau, la quantité et la qualité des eaux qui les alimentent.

12. Description des phénomènes météorologiques qui ont précédé et accompagné l'invasion (direction dominante des vents; degrés d'électricité, d'humidité; phases diverses de la température dans leurs rapports avec celles de l'épidémie, orages, etc.).

13. Vérifier si l'invasion a été ou non précédée par quelque fait économique considérable, comme une cherté ou une crise industrielle prolongée qui aurait amené une misère plus ou moins intense.

9°.

STATISTIQUE DES GRANDES VILLES.

1. Situation topographique.

Longitude; — latitude; — hauteur au-dessus du niveau de la mer; — situation géographique (sur un plateau, dans une vallée, en amphithéâtre, dans une plaine entourée ou non de collines, etc., etc.); — vents dominants; — quantité moyenne d'eau tombée par an; — température moyenne, en degrés de chaleur, pour chaque mois de l'année; — autres phénomènes météorologiques; — nature du sol sur lequel la ville est construite.

2. Superficie.

Superficie couverte : 1° par les maisons; 2° par les cours et jardins attenants à ces maisons; 3° par les rues, places et jardins publics, et par la rivière s'il en existe une. (Comprendre, pour la détermination de la superficie totale occupée par la ville, selon les cas, l'espace circonscrit soit par l'enceinte fortifiée, soit par le mur d'octroi, ou la limite légale assignée, s'il y a lieu, à la ville, comme commune ou paroisse. Dans les villes qui n'ont ni enceinte fortifiée, ni mur d'octroi, ni circonscription légale, prendre pour limites les points de la circonférence où finit l'agglomération des maisons.)

5. Maisons.

Donner leur nombre total, ainsi que celui 1° des étages; 2° des pièces habitables; 3° des magasins, boutiques, hangars, etc., et autres dépendances non consacrées à l'habitation. — Donner le nombre des maisons assurées contre l'incendie. — Indiquer, pour les dix dernières années, le nombre annuel des nouvelles constructions. — Faire connaître, pour chacune des années de la même période, le nombre des locations vacantes.

4. Hygiène publique.

Faire connaître si la ville possède un système général d'égouts; indiquer le mode de construction de ces égouts et notamment leur largeur moyenne, avec et sans les banquettes, leur hauteur moyenne du radier à la voûte. — Mentionner si chaque maison est en communication avec l'égout pour l'écoulement de ses eaux ménagères. — Faire connaître la nature du déversoir commun des égouts. Si c'est un cours d'eau traversant la ville, indiquer si le déversement se fait ou non en aval de la ville. — Indiquer le mode de construction de la chaussée des rues, le système d'envoi des eaux pluviales aux égouts, en un mot l'ensemble des dispositions prises pour prévenir la stagnation des eaux dans les rues.

Faire connaître 1° s'il existe un dépotoir commun pour les produits des vidanges, pour les boues et détritus de la ville; 2° si les règlements locaux ou généraux rendent obligatoire l'établissement de latrines dans les maisons, d'après un système déterminé, ou si les dépôts dans les rues sont admis à certaines heures du jour ou de la nuit; 3° si les produits des vidanges, les boues et détritus sont ou non utilisés par l'agriculture des localités voisines.

Déterminer le volume total d'eau débité par jour pour la consommation des habitants, soit par les fontaines publiques, soit par les conduites chez les particuliers, soit par les puits. — Indiquer l'origine de ces eaux (eaux de rivière, de sources, de puits). — Décrire le système de conduite dans la ville (aqueducs, tuyaux souterrains, etc., etc.). — Faire, par origine, l'analyse chimique des eaux. — Indiquer le prix, par unité de mesure, des concessions aux particuliers. — Mentionner si ces concessions sont faites au profit de l'administration municipale ou de compagnies. Dans ce dernier cas, décrire l'organisation financière de ces compagnies , leur manière d'opérer, leurs tarifs, etc., etc.

Faire connaître si la législation générale ou locale 1° limite la hauteur des maisons d'après la largeur des rues ou toute autre base ; 2° réglemente , dans un intérêt d'hygiène publique, les conditions, tant intérieures qu'extérieures, de leur construction ; 3° rend obligatoire, à certains intervalles périodiques, le lavage extérieur ou le blanchissage des maisons ; 4° interdit la location des logements insalubres ; 5° interdit la création, dans l'intérieur de la ville, d'établissements insalubres ou prescrit les mesures nécessaires pour faire cesser leur insalubrité ; 6° charge les inspecteurs des usines et manufactures (là où il en existe) de veiller à l'assainissement, par un bon système d'aérage ou autrement, des locaux consacrés au travail en commun ; 7° prescrit, en cas d'épidémies, des mesures sanitaires spéciales.

Les inhumations ont-elles lieu dans l'intérieur ou à l'extérieur de la ville? Dans ce dernier cas, à quelle distance réglementaire de la ville les cimetières sont-ils situés? A quelle profondeur réglementaire ont lieu les inhumations? A quelle distance réglementaire sont placées les fosses? Quelle est (en dehors des concessions spéciales soit à perpétuité, soit à longs termes) la durée réglementaire du séjour dans les fosses?

Quel est le nombre des établissements de bains dans la ville? Combien de bains l'ensemble de ces établissements peut-il donner par jour? Existe-t-il des établissements de bains et des lavoirs pour les classes pauvres? En cas d'affirmative, faire connaître les prix d'admission et les bases financières de l'institution, selon qu'elle a été fondée par l'État, la ville ou l'industrie privée.

SÉCURITÉ PUBLIQUE.

Quel est le mode d'éclairage? — Quel est le mode d'adjudication de l'éclairage? — Décrire les bases financières, les tarifs, etc., des compagnies adjudicatrices.

Faire connaître l'organisation de la police préventive et détective, notamment au point de vue 1° du nombre des agents, du régime auquel ils sont soumis, de l'uniforme (pour les agents de la police préventive), des grades, de la solde, du caractère légal attaché à leurs procès-verbaux ou rapports.

Chiffre de la garnison (armée régulière). — Nombre des miliciens ou gardes nationaux. — Nature de leur service au point de vue de la sécurité de la ville.

Mesures de précaution contre les accidents sur la rivière ou dans les rues. — Organisation des secours en cas d'incendie.

POPULATION.

I. *État de la population.* — Faire connaître, d'après les dénombrements de plusieurs années, le sexe, l'état civil, l'âge, la profession, le culte, le lieu de naissance des habitants. — Distinguer la population en sédentaire ou domiciliée et flottante.

II. *Mouvement annuel de la population* (pour chacune des dix dernières années).

a.) Mariages par âge, par état civil, par mois et par profession pour chaque sexe.

b.) Naissances par sexe, et par état civil (légitimes et naturelles) et par mois; à domicile (avec les mêmes distinctions); aux hôpitaux (*id.*).— Nombre des mort-nés par sexe et par état civil. — Nombre moyen annuel des enfants trouvés par sexe (là où il existe des établissements pour les recevoir).

c.) Décès, par sexe, par état civil, par âge, par profession, par causes et par mois, — à domicile (avec les mêmes distinctions), —aux hôpitaux (*id.*), — dans les prisons (*id.*).

d.) Statistique spéciale des suicides : nombre, causes certaines ou présumées, sexe, âge, état civil, mois, mode de perpétration.

e.) Statistique des hôpitaux généraux et spéciaux : nombre des admissions et des décès par mois, par sexe, par âge, par profession, par état civil, par nature de maladies. Nombre total des malades traités pendant l'année avec les mêmes indications.

f.) Nombre total des médecins, chirurgiens, pharmaciens, sages-femmes exerçant effectivement leur profession.

g.) Prostitution. Faire connaître si la prostitution est autorisée, et, dans ce cas, donner le nombre des prostituées par âge, par état civil, par lieu d'origine; — exposer le régime auquel elles sont soumises au point de vue du maintien de l'ordre et de la santé publique.

CONSOMMATIONS.

Indiquer, pour chacune des dix dernières années, à l'aide des documents fournis par l'octroi ou toute autre institution analogue, les quantités de denrées alimentaires consommées, et notamment les quantités

De blés ou farines,

De viande,

De sel,

De beurre,

D'œufs,

D'huile,

De lait,

De spiritueux,

De boissons diverses.

Indiquer, autant que possible, pour la même période, le prix moyen de ces denrées par première et seconde qualité.

Faire connaître le nombre des marchés d'après la nature des objets qui s'y vendent (marchés à la viande, à la volaille, aux poissons, etc., etc.); — étendue superficielle qu'ils occupent; — nombre des étaux ou boutiques qu'ils contiennent; — modes divers de vente qui y sont autorisés (vente de gré à gré; ventes, par l'intermédiaire de facteurs, à la criée, en gros et en détail).

Faire connaître les taxes perçues, au profit de l'État ou des communes, qui grèvent, dans la ville, les principaux objets de consommation; — donner le tarif de ces taxes et la nomenclature des objets qui en sont passibles.

Indiquer la quantité totale de combustibles minéraux et ligneux consommée dans chaque année de la période décennale.

INDUSTRIE ET COMMERCE.

I. *Industrie*. — Faire connaître, d'après un recensement conforme au cadre ci-annexé, les diverses industries de la ville, en considérant comme *industriels* tous les individus qui font subir une élaboration quelconque soit à une matière première, soit à une matière qui a déjà reçu un certain degré de préparation.

II. *Commerce*. — Faire connaître les divers commerces de la ville d'après un recensement conforme au cadre ci-annexé; ajouter les renseignements suivants aux résultats de ce recensement :

Nombre, dans chacune des dix dernières années, des faillites classées d'après les groupes d'établissements adoptés pour le recensement. — Montant total de l'actif et du passif de ces faillites. — Taux moyen du dividende pour les faillites terminées par un concordat. — Organisation de la justice commerciale; tribunaux de commerce (électifs ou non), prud'hommes, etc., etc.....

Statistique, par groupes de litiges, d'après la législation commerciale en vigueur, des procès jugés et conciliés par les diverses juridictions spéciales. — Organisation de la bourse. — Nature et évaluation en argent, pour les dix dernières années, des diverses opérations qui s'y font en ce qui concerne les transactions 1° sur fonds publics nationaux et étrangers; 2° sur marchandises. — Nombre, fonctions, modes et conditions de nomination des agents intermédiaires de ces transactions (agents de change, courtiers, etc.). — Mêmes renseignements en ce qui concerne les agents préposés aux ventes publiques, forcées ou volontaires; à la dégustation, au pesage, au mesurage, etc. — Nature des institutions destinées à protéger la consommation contre la tromperie sur la qualité et la quantité. — Nombre des brevets d'invention pris, pour les dix dernières années, par des industriels appartenant à chaque groupe d'industrie. — Mouvement des transports de personnes et de marchandises par les voies de terre, de fer et d'eau. — Nombre et nature des institutions de crédit spéciales à la ville.

III. *Documents communs à l'industrie et au commerce.* — Faire connaître si les diverses professions industrielles et commerciales sont organisées en jurandes, maîtrises, syndicats, etc., et, en cas d'affirmative, les bases de cette organisation.

En ce qui concerne le commerce, indiquer si l'admission dans l'un des états qu'il comprend est subordonnée à une autorisation de l'autorité centrale ou communale, et quelles sont les conditions de cette autorisation aux points de vue de l'âge, de la capacité spéciale, etc., etc.

Nombre et organisation des organes officiels de l'industrie et du commerce (chambres de commerce, chambres consultatives des arts et manufactures, etc., etc.).

Industries ou commerces érigés en monopoles dans un intérêt réputé général (boulangeries, boucheries, etc., etc.). — Mode de réglementation de ces industries ou commerces.

Nature, assiette, produit des taxes générales ou locales 1° sur l'industrie, 2° sur le commerce.

VOIES DE COMMUNICATION ET MOYENS DE TRANSPORT.

La ville est-elle traversée par un cours d'eau? Indiquer sa direction, sa largeur moyenne et sa longueur totale dans la traversée de la ville; sa hauteur et son débit d'eau, dans un temps donné, à l'étiage, au pont principal; la hauteur de ses plus hautes crues, la nature de sa navigabilité (navigable ou flottable), le système de remorquage ou de halage employé dans la traversée de la ville ; le nombre des ponts, leur longueur entre les culées et leur largeur entre les parapets, le nombre de leurs arches, leur système de construction, les matériaux employés à leur construction, la date de leur établissement, leur coût, les frais annuels d'entretien. Indiquer si la circulation y est ou non soumise à un droit de péage ; déterminer la circulation moyenne diurne en hommes et en colliers. La rivière est-elle bordée de quais ? — Combien y compte-t-on de ports ? — Y existe-t-il un ou plusieurs docks, flottants ou fixes ? — Quelles sont les industries qui s'exploitent sur la rivière ?

Nombre des routes de fer et de terre, des canaux et rivières, des lignes télégraphiques traversant la ville ou en partant. — Nombre des voitures de toute nature et des chevaux appartenant 1° aux particuliers ; 2° aux compagnies chargées du transport *a*.) à l'intérieur, soit que ce transport se fasse en commun (omnibus) ou isolément (fiacres, cabriolets, etc., etc.) ; *b*.) à l'extérieur (diligences, messageries.....). — Tarifs des prix du transport en commun ou isolé, dans l'intérieur de la ville, selon que ce transport se fait à l'heure, à la course ou à une certaine unité de distance. — Nature, assiette et produit des taxes sur les chevaux et les voitures (particulières, publiques) perçues au profit soit de l'État, soit de la ville.

Nombre, pour les dix dernières années, des lettres circulant à l'intérieur de la ville, avec indication des modifications de tarif survenues dans l'intervalle. — Tarif actuel d'une lettre simple à l'intérieur.

ORGANISATION MUNICIPALE.

Indiquer de quels éléments se compose le corps municipal, et notamment s'il comprend un conseil municipal et un maire, bourgmestre ou syndic. — Faire connaître si ce fonctionnaire est assisté d'un certain nombre d'adjoints, échevins ou assesseurs, et si ces magistrats forment ou non un conseil auprès du chef de l'administration municipale pour éclairer, préparer ses décisions et en surveiller ou contrôler l'exécution.

Faire connaître les attributions du conseil municipal et la nature de ses rapports avec le maire, les adjoints, échevins ou assesseurs.

Indiquer le mode de nomination et la durée légale des fonctions des divers agents du corps municipal.

Faire connaître sous quels rapports l'organisation municipale de la ville diffère, s'il y a lieu, de la même institution dans le reste du pays.

Préciser le mode de contrôle, de surveillance qu'exerce, s'il y a lieu, l'autorité supérieure sur la gestion des intérêts de la ville.

BUDGET MUNICIPAL.

Régime financier. — Nombre et nature des taxes locales et leur produit. — Nombre et nature des dépenses et leur montant, pour les dix dernières années.

Situation financière, pour la même période, au point de vue de l'équilibre des recettes et des dépenses. — Nombre, montant, intérêt et mode de réalisation des emprunts contractés dans cette période.

Part de l'État dans les dépenses de la ville qui ont un caractère d'utilité générale. — Part de la ville dans le produit total des taxes générales.

ASSISTANCE PUBLIQUE.

Nombre des institutions charitables (hôpitaux, hospices, dispensaires, secours médicaux à domicile, bureaux de charité, maisons de refuge, salles d'asile, ouvroirs, crèches, établissement de prêt sur dépôt; écoles gratuites ou admissions gratuites dans les établissements d'instruction primaire, etc.)

Donner, pour les dix dernières années, le nombre, par sexe, par âge (en se bornant à distinguer les enfants des adultes), par profession, des individus secourus par chacun de ces divers établissements.

Indiquer si ces établissements relèvent d'une administration centrale et spéciale, sous la direction du gouvernement ou de l'autorité municipale, ou si chacun d'eux a une administration distincte.

Faire connaître 1° la part du gouvernement, de la ville et des particuliers dans la création et l'entretien de ces divers établissements; 2° la nature et le montant de leurs recettes; 3° la nature et le montant de leurs dépenses.

INSTITUTIONS DE PRÉVOYANCE.

Faire connaître l'organisation et donner la statistique des établissements ci-après :

Caisses d'épargne, sociétés de secours mutuels, caisses de retraite pour la vieillesse, sociétés d'assurances diverses.

STATISTIQUE CRIMINELLE ET CIVILE.

a) *Statistique criminelle.* — Nombre, pour les dix dernières années , et d'après des catégories déterminées, ou en distinguant seulement les offenses contre les personnes des offenses contre les propriétés, des crimes et délits 1° découverts et poursuivis, 2° découverts et non poursuivis. — Nombre des accusés et prévenus par sexe, âge, état civil, lieu d'origine, etc., avec des documents sur le degré d'instruction. — Nombre des condamnations et des acquittements. — Organisation de la juridiction criminelle. — Faire connaître si la ville a des tribunaux criminels ou correctionnels spéciaux dont la compétence ne s'étend pas au delà de sa circonscription.

b) *Statistique civile.* — Nombre, pour les dix dernières années, des contestations judiciaires , d'après les trois catégories suivantes : contestations 1° pour des valeurs mobilières , 2° pour des valeurs immobilières , 3° pour des actes relatifs aux personnes. — Évaluer en argent , s'il est possible , la somme des intérêts engagés dans les litiges de chaque catégorie.

INSTRUCTION PUBLIQUE.

Nombre et nature des établissements d'instruction publique primaire, secondaire ou moyenne, supérieure et spéciale.—Conditions d'admission dans ces établissements, à titre d'externe et de pensionnaire.— Nombre, pour les dix dernières années, des élèves, par sexe, qui les ont fréquentés.

Nombre des musées et collections scientifiques de toute nature, des jardins botaniques et des bibliothèques publiques. — Nombre de volumes et spécialité de chaque bibliothèque. — Conditions d'admission et du prêt des livres, tant au dedans qu'au dehors, s'il y a lieu.

Faire connaître la part de l'État, de la ville et des particuliers dans la fondation et l'entretien des divers établissements d'instruction publique de la ville. — Recettes et dépenses de ces établissements.

Nombre et nature des sociétés savantes, littéraires et artistiques ; leur organisation, leur but. — Nature des encouragements qu'elles donnent à l'instruction publique et qu'elles reçoivent de l'État.

CULTES.

Quels sont, d'après le dernier dénombrement, les cultes professés dans la

ville et le nombre de personnes appartenant à chacun d'eux. — Nombre
et capacité superficielle des édifices consacrés à l'exercice de chaque culte.

DIVERTISSEMENTS PUBLICS.

Nombre et nature des spectacles. — Autorité dont relèvent les entreprises
de spectacles publics. — Conditions d'autorisation. — Règlements de police.
— Censure des ouvrages dramatiques. — Subventions, s'il y a lieu, par
l'État ou la ville. — Chiffre, pour les dix dernières années, et par mois, des
recettes de chaque théâtre. — Nature des taxes (générales ou locales) dont
les spectacles publics sont l'objet. — Destination spéciale, s'il y a lieu, du
produit de ces taxes.

(ANNEXE.)

CADRE

D'UN RECENSEMENT INDUSTRIEL ET COMMERCIAL
DES CITÉS.

---

1. INDUSTRIE.

Il conviendra que l'on pose à chaque chef d'industrie 19 questions écrites, ayant pour objet, dans l'année du recensement,

1° La nature de la fabrication;

2° L'importance de la fabrication au point de vue de la valeur moyenne annuelle 1° des matières premières, 2° des produits fabriqués;

3° Le nombre d'ouvriers sédentaires travaillant à l'atelier;

4°　　　—　　　—　　　—　　　en ville;

5°　　　—　　　—　　　—　　　en chambre;

6° Le nombre des ouvriers mobiles;

7° Le nombre total des ouvrières travaillant à l'atelier;

8°　　　—　　　　　　—　　　en chambre;

9° Le nombre de jeunes garçons de 6 à 12 ans;

10°　　　—　　　—　　　de 12 à 16 ans;

11° Le nombre de jeunes filles de 6 à 12 ans;

12°　　　—　　　—　　　de 12 à 16 ans;

13° Le nombre des apprentis compris dans l'énumération précédente, avec l'indication des conditions d'apprentissage;

14° Le salaire journalier des hommes payés, soit à la journée, soit aux pièces;

15° Le salaire journalier des femmes payées, soit à la journée, soit aux pièces;

16° Le salaire journalier des enfants et jeunes gens non considérés comme apprentis;

17° L'époque et la durée de la morte-saison;

18° Le nombre des jours de la semaine, fériés et non fériés, que l'ouvrier ne consacre pas habituellement au travail ; — mode d'emploi le plus général de ces jours ;

19° Enfin, pour les industries textiles, le matériel industriel, c'est-à-dire le nombre des métiers.

On recensera :

1° Tout individu travaillant pour son compte :

2° Tout individu travaillant à façon et employant un ou plusieurs ouvriers ;

3° Tout individu fabriquant à façon et travaillant seul, lorsque le produit qu'il fabrique est destiné à un consommateur et non à un entrepreneur. Bien qu'il puisse être considéré comme simple ouvrier en chambre, on ne peut se dispenser de le compter comme entrepreneur ; autrement il ne figurerait nulle part dans l'enquête.

4° Tout individu fabriquant à façon et travaillant seul, lorsque, employé par divers entrepreneurs, il ne saurait être considéré comme attaché spécialement à l'un d'eux.

Quant à la classification des industries, on les rangera sous les catégories suivantes :

1° Cultures (1) ;

2° Alimentation ;

3° Vêtements ;

4° Bâtiment ;

5° Ameublement ;

6° Carrosserie, sellerie, équipement militaire ;

7° Fils et tissus ;

8° Peaux et cuirs ;

9° Papeterie, imprimerie, gravures ;

10° Industries chimiques et céramiques ;

11° Travail des métaux communs ;

12° Travail des métaux précieux ;

13° Boissellerie, vannerie, layeterie, etc. ;

14° Menus objets industriels analogues aux articles de Paris.

Le dénombrement devra être complété par celui des forces *animées* (autres que celles de l'homme) et *inanimées* employées par l'industrie, dans le sens des indications suivantes :

I. Forces animées.

Nombre des bêtes de somme de toute nature employées au travail industriel (chevaux, mulets, ânes). — Évaluation, en chevaux de vapeur, de la totalité des forces produites par ces animaux.

II. Forces inanimées.

1° *Forces hydrauliques.*

On distinguera par grandes catégories les forces hydrauliques (évaluées toujours en chevaux de vapeur) employées en travaux utiles pour l'homme, et notamment :

(1) Les grandes villes ont très-souvent des cultures maraîchères dans leur circonscription.

1° Les moulins appliqués à la moutnre, avec le nombre des tournants;

2° Les moulins appliqués à des usages manufacturiers.

On distinguera entre la destination des roues, selon qu'elles reçoivent l'eau en dessus ou en dessous,

3° Les turbines ou roues à force centrifuge;

4° Les forces hydrauliques appliquées à l'élévation des eaux.

On spécifiera :

    a) Les pompes,

    b) Les machines à colonnes d'eau,

    c) Les béliers hydrauliques.

2° Forces du vent.

On recensera les moulins à vent appliqués

1° A la mouture,

2° A d'autres usages industriels (1).

3° Forces de la vapeur.

On distinguera les applications suivantes des machines génératrices de la vapeur :

1° Application à la mouture;

2° Application à des établissements industriels (2) ;

———

2. COMMERCE.

Le recensement commercial devra comprendre au moins les renseignements suivants :

1° Nombre des chefs d'établissement ayant, sur la voie publique, étal magasin, dépôt ou chantier;

---

(1) Dans un recensement industriel , applicable à un pays tout entier, on devrait compléter cette énumération par celle des bateaux et navires à voiles d'après leur tonnage, et en tenant compte des espaces annuels parcourus :

    1° Pour les mouvements de l'intérieur;

    2° Pour les mouvements maritimes.

(2) Dans le cas d'un recensement applicable à un pays tout entier, on devrait compléter cette énumération par les indications ci-après :

    1° Application aux transports par terre;

    2° Application aux transports hydrauliques de l'intérieur;

    3° Application aux transports par mer.

2° Nature du commerce de chacun d'eux ;

3° Importance du commerce, déterminée 1° par le chiffre, en argent, des ventes faites dans une année moyenne ; 2° par la valeur, en argent, des marchandises qui forment l'approvisionnement habituel du marchand ;

4° Nombre des employés (garçons de vente, commis, caissiers, teneurs de livres, buralistes) distingués par sexe.

Pour éviter des subdivisions trop nombreuses, on réunira les divers commerces en un certain nombre de groupes, comme suit :

1° Alimentation ;

2° Tissus ;

3° Métaux communs ;

4° Métaux précieux ;

5° Objets divers { pour l'usage personnel, pour le bâtiment, pour l'ameublement ;

6° Établissements mixtes réunissant plusieurs commerces.

Dans chaque catégorie, il conviendra que l'on distingue le nombre des établissements qui

1° Vendent en petit ou au détail ;

2° Vendent en gros ;

3° Vendent à la fois en gros et au détail.

PARIS. — IMPRIMERIE DE MADAME VEUVE BOUCHARD-HUZARD, RUE DE L'ÉPERON, 5.